Razakova Rayxan Saylaubekovna
Rajabova Zamira Ravshanbekovna

TALABALARNING O'QUV FAOLIYATIGA GENDER FARQLARNING PSIXOLOGIK TA'SIRI

(uslubiy qo'llanma)

© Razakova Rayxan Saylaubekovna
Talabalarning O'quv Faoliyatiga Gender Farqlarning Psixologik Ta'siri
by: Razakova Rayxan Saylaubekovna,
Rajabova Zamira Ravshanbekovna
Edition: July '2024
Publisher:
Taemeer Publications LLC (Michigan, USA / Hyderabad, India)

© **Razakova Rayxan Saylaubekovna**

Book	:	Talabalarning O'quv Faoliyatiga Gender Farqlarning Psixologik Ta'siri
Author	:	Razakova Rayxan Saylaubekovna, Rajabova Zamira Ravshanbekovna
Publisher	:	Taemeer Publications
Year	:	'2024
Pages	:	164
Title Design	:	*Taemeer Web Design*

Razakova Rayxan Saylaubekovna

Rajabova Zamira Ravshanbekovna

"Talabalarning o'quv faoliyatiga gender farqlarning psixologik ta'siri" [Matn]: uslubiy qo'llanma/ Z.R.Rajabova.-Urganch: Khwarezm travel, 2024.-48b

Mazkur o'quv –uslubiy qo'llanmadan ko'zlangan asosiy maqsad o'qituvchi, talaba va kengroq tinglovchilar auditoriyasini gender nazariyasi va amaliyotining asosiy qoidalari bilan tanishtirishdan iborat. Jahon va ayni paytda mavjud milliy tajribasidan keng foydalanish zamirida tuzilgan mazkur o'quv – uslubiy qo'llanmaning amaliy maqsadga ham yo'naltirilgan. U barqaror inson rivojlanishga erishishga qaratilgan davlat dasturlarini loyihalarni va strategiyalarni rejalashtirish, ta'riflash, bajarish va ularning natijalarini baholashda gender jihatidan mutanosib yondoshuvni tadbiq etish va inobatga olish lozimligini tushunishni rivojlantirishga yordam beradi. Gender tadqiqotlar bo'yicha olingan bilimlarni ta'lim tizimiga joriy etish zarurligi xalqaro ilmiy tajribada isbotlangan, chunki bu ijtimoiy rivojlanish uchun strategik va amaliy ahamiyatga ega. Bu O'zbekistonda ro'y berayotgan demokratik, iqtisodiy jihatdan farovon jamiyat sari boshlovchi tizim o'zgarishlar kontekstida ayniqsa muhim. Mazkur o'quv – uslubiy qo'llanma talabalarning o'quv faoliyatiga gender farqlarning samaradorligini oshirish uchun mutaxassislarni bilim, ko'nikma va malakalarini rivojlantirish uchun xizmat qiladi. Mazkur o'quv-uslubiy qo'llanma "Amaliy psixologiya" va "Pedagogika va psixologiya" bakalavriat ta'lim yo'nalishi talabalariga va mustaqil izlanuvchilarga mo'ljallangan.

Mas'ul muharrir: dots., M.X.Djumaniyazova

Taqrizchilar: dots.v.b., M.Saidmuratova
dots.v.b., R.E.Raximova

Ushbu uslubiy qo`llanma Urganch davlat universiteti ilmiy-uslubiy kengashning 2024- yil -sonli yig`ilish qaroriga binoan nashr etishga tavsiya etilgan.

Kirish

Gender tenglik g'oyasi XX asrning oxirgi o'n yilliklarida to'liq shakllandi, u turli davr va ijtimoiy-madaniy sharoitda har xil ma'naviy-axloqiy talablar asosida o'zgarib turgan ijtimoiy-madaniy jarayon ekanligi anglanildi. Gender tengligi ijtimoiy tenglikni ham anglatadi. Gender – xotin-qizlar va erkaklar o'rtasidagi munosabatlarning jamiyat hayoti va faoliyatining barcha sohalarida, shu jumladan, siyosat, iqtisodiyot, huquq, mafkura va madaniyat, ta'lim, ilm-fan sohalarida namoyon bo'ladigan ijtimoiy holat.

"Gender" so'zi inglizcha "gender", lotincha "genus" so'zlaridan olingan bo'lib, "zot, jins, kelib chiqish" ma'nosini anglatadi. Agarda biologik jins insonlarni ayol va erkaklarga ajratadigan bo'lsa, gender ayol va erkaklarning jamiyatdagi o'rnini ajratishga qaratilgan.

Jamiyatda ayol va erkaklarning oʻz oʻrnini topishi va belgilashi uchun davlat ularga bir xil sharoit va imkoniyat yaratib berishi gender tenglikni taʼminlashda asos boʻlib xizmat qiladi.

28.05.2021 yildagi SQ-297-IV-son 2030-yilga qadar Oʻzbekiston Respublikasida gender tenglikka erishish strategiyasini tasdiqlash haqida Oʻzbekiston Respublikasi Oliy Majlisi Senatining qarorida soʻnggi toʻrt yilda xotin-qizlar va erkaklar uchun teng huquq hamda imkoniyatlarga erishish, jamiyat va davlat ishlarini boshqarishda ularning teng ishtirok etishini taʼminlash, xotin-qizlarni ijtimoiy-huquqiy jihatdan qoʻllab-quvvatlash, shuningdek, xotin-qizlarni tazyiq va zoʻravonliklardan himoya qilishga qaratilgan keng koʻlamli islohotlar amalga oshirildi. Xususan, barqaror rivojlanish sohasidagi 5-maqsad — Gender tenglikni taʼminlash va barcha xotin-qizlarning huquq va imkoniyatlarini kengaytirish mamlakatimizda xotin-qizlar va erkaklarning teng huquq hamda imkoniyatlarini ta'minlashga qaratilgan islohotlar bilan hamohangdir.

Gender strategiyasini 2023 — 2030-yillarda bosqichma-bosqich amalga oshirish uchun har yilda alohida-alohida kompleks chora-tadbirlar dasturlari tasdiqlandi. Doimiy ravishda O'zbekiston Respublikasi Oliy Majlisi Senatining Xotin-qizlar va gender tenglik masalalari qo'mitasi, Mahalla va oilani qo'llab-quvvatlash vazirligi bilan birgalikda Gender strategiyasining mazmun-mohiyati va ahamiyatini aholi o'rtasida keng targ'ib qilish choralarini ko'rilmoqda.

Insonning rivojlanish jarayoni uzluksiz bo'lib, jamiyatning siyosiy, iqtisodiy, ijtimoiy, ma'naviy, madaniy hayotida ishtiroki nuqtai nazaridan kishilar imkoniyatini muntazam ravishda kengaytirilishidan iborat. Inson uchun erkin tanlash imkoniyati uning rivojlanishi sharti bo'lib, ayni paytda inson jamiyatining eng oliy maqsadlaridan birini ifodalaydi. Qolgan imkoniyatlardan foydalanishga yordam beruvchi eng asosiy imkoniyatlar orasida uchtasi ajralib turadi: uzoq va sog'lom umr kechirish imkoniyati, bilim olish va turmushning munosib darajasini ta'minlay oladigan moddiy farovonlikka erishish imkoniyati. Insonning rivojlanishi insoniylik jamiyatining asosiy mazmuni va mavjudlik shaklidir. Inson faoliyatining barcha turlarida taraqqiyotning zamonaviy bosqichi nafaqat insonni ijtimoiy rivojlanish markaziga qo'yadi, balki taraqqiyot natijalarini inson taraqqiyot yo'lida xizmat qilishini taqozo etadi.

Rivojlanishning eng o'tkir muammolaridan biri tenglikka erishishdir. Bundan ikki yuz yil avval buyuk burjuaziya inqiloblari ta'siri ostida hukmdorlarning va fuqarolarning tengsizligi yoki erkaklarning xotin-qizlar ustidan hukmronligi ilohlar tomonidan yo'llangan deb hisoblash an'anaviy qarashlari susaya boshladi, ozodlik va barcha odamlarning tengligi g'oyalari tarqala boshladi. Xotin-qizlarning ahamiyati, ularning jamiyatdagi roli va maqom to'g'risidagi qarashlarda o'zgarishlar sodir bo'la boshladi.

Tegishli ravishda erkaklar va xotin-qizlar o'rtasida tenglikka erishish rivojlanish dasturlariga aholi qanchalik to'liq jalb etilgan bo'lsa, rivojlanish jarayoni shunchalik samarali, natijalari esa barqaror bo'ladi.

Jins erkaklar va ayollar o'rtasidagi universal biologik farq bo'lib, anatomik va fiziologik mohiyatni, ya'ni, individning biologik jinsga – erkak yoki ayol jinsiga mansubligini aniqlash uchun asos bo'ladigan biologik belgilar birligidir. Erkaklar va ayollar rollaridagi jiddiy bo'lmagan farqlar ularning biologik xususiyatlariga taalluqlidir. Masalan, faqat ayollar homilador bo'lishi va bola tug'ishi mumkin, faqat erkaklarda sperma hosil bo'ladi. Biroq, erkaklar va ayollar o'rtasidagi biologik farqlardan tashqari o'z tabiatiga ko'ra biologik bo'lmagan sabablarga asoslanuvchi ko'plab farqlar bor. Ya'ni, ijtimoiy rollar, faoliyat shakllarining bo'linishi, xatti-harakat va individlarning psixologik xarakteristikalarida farqlar mavjud.

Ta'kidlanganidek, erkaklar va ayollar o'rtasidagi biologik, tabiiy farqlar bilan erkaklar va ayollarning xatti-harakatini, ijtimoiy va madaniy xarakteristikalarni aniqroq farqlash uchun gender atamasi qabul qilingan. Gender tushunchasining kiritilishi eng umumiy ma'noda ikki tushuncha - biologik va ijtimoiy jins tushunchalarini farqlashga yordam beradi. Gender (inglizcha gender – "zot"dan) jins tushunchasini fiziologik voqelik ustqurmasi bo'lgan ijtimoiy konstruksiya sifatida belgilaydi.

Sizga taqdim etilayotgan ushbu uslubiy qo'llanmada ayni kunda psixologiyaning muhim sohasi sifatida Individning gender rolli ijtimoiylashuviga ta'sir ko'rsatadigan qator omillari hamda talabalarning o'quv faoliyatiga gender farqlarning psixologik ta'siri batafsil yoritilgan.

Gender tushunchasi

Jins erkaklar va ayollar o'rtasidagi universal biologik farq bo'lib, anatomik va fiziologik mohiyatni, ya'ni, individning biologik jinsga – erkak yoki ayol jinsiga mansubligini aniqlash uchun asos bo'ladigan biologik belgilar birligidir. Erkaklar va ayollar rollaridagi jiddiy bo'lmagan farqlar ularning biologik xususiyatlariga taalluqlidir. Masalan, faqat ayollar homilador bo'lishi va bola tug'ishi mumkin, faqat erkaklarda sperma hosil bo'ladi.

Biroq, erkaklar va ayollar o'rtasidagi biologik farqlardan tashqari o'z tabiatiga ko'ra biologik bo'lmagan sabablarga asoslanuvchi ko'plab farqlar bor. Ya'ni, ijtimoiy rollar, faoliyat shakllarining bo'linishi, xatti-harakat va individlarning psixologik xarakteristikalarida farqlar mavjud.

Ta'kidlanganidek, erkaklar va ayollar o'rtasidagi *biologik*, tabiiy farqlar bilan erkaklar va ayollarning xatti-harakatini, ijtimoiy va madaniy xarakteristikalarni aniqroq farqlash uchun *gender* atamasi qabul qilingan. *Gender* tushunchasining kiritilishi eng umumiy ma'noda ikki tushuncha - **biologik va ijtimoiy jins** tushunchalarini farqlashga yordam beradi. Gender (inglizcha gender – "zot"dan) **jins tushunchasini fiziologik voqelik ustqurmasi bo'lgan ijtimoiy konstruksiya** sifatida belgilaydi.

Antropologlar tadqiqotlari gender ijtimoiy

tashkil topganligining ishonarli isboti bo'ldi. Ular o'zlari o'rgangan jamiyatlarda ota va ona rollari, ijtimoiy ierarxiyada erkaklar va ayollar mavqei qay tarzda belgilanganligini kuzatgan. An'anaviy ravishda ayollarga xos deb hisoblangan passivlik, mehribonlik, bolalarga muhabbat va nazokat bir urug'da erkak mijoziga xos xususiyatlar deb belgilansa, ayni paytda boshqa urug'da ular aksariyat ayollar va erkaklar tomonidan qabul qilinmas edi. Keyin paydo bo'lgan ko'plab tadqiqotlar shuni ko'rsatdiki, an'anaviy erkaklarga xos va ayollarga xos deb hisoblangan tasavvurlar hatto bir jamiyat rivoji tarixi davomida ham o'zgarishi mumkin.

Bunday tadqiqotlar biologik jinsga mansublik harakatlarining an'anaviy jihatlarini soddalashtirilgan tarzda tushuntiruvchi ko'p asrlik amaliyotni shubha ostiga oldi. Shaxsning erkaklarga yoki ayollarga xos deb hisoblangan xususiyatlari bugungi kungacha jamiyat tomonidan u yoki bu jinsga nisbat beriladigan kiyim, odatlar, bosh kiyim kabilar jinsga kam darajada taalluqlidir.

Shunisi muhimki, biologik va ijtimoiy xususiyatlardan tashqari genderga madaniy xususiyatlar ham ta'sir ko'rsatadi. Eng keng ma'noda madaniyat – insoniyat tomonidan dunyo haqidagi bilimlarni anglash va tartibga solish davomida vujudga kelgan narsalar. Aynan shular insonni hayvonot dunyosidan ajratib turadi. Madaniyat o'z ichiga quyidagilarni qamrab oladi– "til, urf-odat, turmush tarzi, harakat me'yorlari, tafakkur, bilim, qadriyatlar, afsonalar va san'atda dunyoning ramziy qabul qilinishi (ifodalanishi)".

O.Voroninaning fikricha, inson mentalitetida **erkaklarga** xoslik va **ayollarga** xoslik quyidagi madaniy ramziy qatorlar elementlari sifatida mavjud bo'ladi:

erkaklarga xoslik - ratsional – ma'naviy – ilohiy - ... – **madaniy**;

ayollarga xoslik - hissiyotga oid – badanga xos – gunohli - ... – **tabiiy**.

Jinsning biologik xususiyatidan farqli o'laroq ijtimoiy va madaniy ramziy xususiyatlarda "erkaklarga xos" deb hisoblanadigan yoki unga o'xshatiladigan barcha tushunchalarda ijobiy, ahamiyatli va ustun deb belgilanadigan qadriyatli yo'nalishlar mujassamlashgan bo'ladi. "Ayollarga xos" deb hisoblangan xususiyatlar esa salbiy, ikkilamchi va bo'ysunuvchan deb qaraladi.

Kundalik hayotimizda jins bilan bog'lanmagan ko'plab tushunchalar "erkaklarga xos" yoki "ayollarga xos" deb hisoblanadi. YA'ni, o'ziga xos "jinsiy", gender xususiyatga ega bo'lib qoladi. "Erkaklarga xos" yoki "ayollarga xos" tushunchalarni aniq farqlash uchun *"femininlik"* (ayollik) va *"maskulinlik"* (erkaklik) tushunchalari qabul qilingan. YAngi tushunchalarning kiritilishi erkaklarga xoslik va ayollarga xoslikning biologik ziddiyatini bartaraf etish, va tegishli ravishda e'tiborni turli madaniyatlar shakllanishining ichki mexanizmlarini gender nuqtai

nazaridan ochishga qaratish imkonini berdi.
Ijtimoiy stratifikatsiya va gender. Gender fanida gender farqlarning tashkil topish jarayoni odatda *ijtimoiylashuv* jarayoni bilan bog'lanadi. *Ijtimoiylashuv-sotsializatsiya* (sotsializatsiya – lotincha socialis – ijtimoiy) bu individ tomonidan jamiyatning to'laqonli a'zosi sifatida faoliyat yuritish imkonini beruvchi bilim, me'yor va qadriyatlarni o'zlashtirish jarayonidir. Ijtimoiylashuv o'z ichiga maqsadli ta'sirning ijtimoiy nazorat qilinuvchi jarayonlarini qamrab oladi. Masalan, tarbiya, yoki uning shakllanishiga ta'sir qiluvchi tabiiy jarayonlar. Ijtimoiylashuv asosiy institutlari va agentlari sirasiga oila, maktab, tengdoshlar guruhi, atrofdagilar, shu

jumladan, qo'shnilar, tanish-bilishlar, do'stlar, ota-onalar va hokazolar va ayni paytda ommaviy axborot vositalari kiradi.

Umuman olganda bu tegishli madaniy-me'yoriy
andazalarni o'zlashtirish, qabul qilish va ifodalash jarayoni sodir bo'ladigan muhitdir. Xususan, jinsiy-rolli yoki boshqacha aytganda, gender ijtimoiylashuv jarayonida jamiyatda qabul qilingan madaniy me'yorlarga muvofiq ravishda erkak yoki ayol gender *o'zlikning* shakllanishi sodir bo'ladi (identity – o'zlikni anglash). Ijtimoiylashuvning turli jihatlari psixologiya, ijtimoiy psixologiya, sotsiologiya, tarix va etnografiya, pedagogika fanlari tomonidan o'rganiladi.

Gender o'zlik - *muayyan madaniyatda amal*

qiluvchi erkaklarga xoslik va ayollarga xoslik bilan o'zining bog'liqligini anglashdir. O'zini erkak yoki ayol sifatida identifikatsiyalash – bu ushbu jamiyat tomonidan ularning biologik jinsidan kelib chiqqan holda belgilangan psixologik sifatlar va harakatlar modelini qabul qilish demakdir.

Ijtimoiy psixologiya nuqtai nazaridan individlar gender me'yorlariga mos kelishga harakat qiladigan ikki asosiy sabab bor – bu me'yoriy va informatsion tazyiq. Me'yoriy tazyiqning mohiyati shundaki, inson ijtimoiy yoki guruhiy kutishlarga moslashishi va shu orqali jamiyat undan yuz o'girmasligiga erishishi lozim.

Ba'zan jamiyat an'anaviy tarzda qat'iylashib qolgan gender rollarga bo'ysunishdan bosh tortganligi uchun qattiq jazolashi mumkin.

Bunga ko'plab misollar bor: O'rta Osiyoda xotin-qizlar harakati va rivojlanishi tarixidagi *Hujum* harakatidan ko'zlangan maqsad ayollarning paranjida yurishdan voz kechishi, ularning ijtimoiy hayotda bilim olishda keng ishtirok etishga intilishiga erishish edi. Bu jarayon shafqatsiz kurash bilan davom etgan va natijada ayollarning oddiy insoniy huquqlari va tanlash erkinligini cheklovchi o'rta asrlar talablaridan bosh tortgani uchun ko'plab ayollarning qoni to'kilgan. Eronda oyatulloh Humayniy davlat rahbari bo'lgan davrda, 1979 yilning o'rtasidan 80-yillargacha kiyim va xatti-harakat tartiblariga rioya qilmagan 20 ming ayol o'lim jazosiga hukm qilingan. SHaxsga me'yoriy tazyiq o'tkazish jarayoni, an'anaviy rollarga rioya qilishga majburlash oddiy demokratik me'yorlar va rivojlanishda jinslar tengligini tan olish mavjud bo'lmagan jamiyatlarda kuzatiladi.

Gender rollar - bu gender atrofidagi rollardan kelib chiqadigan ijtimoiy kutishlar, va ayni paytda nutq, uslub, kiyim va xatti-harakatlardir.

Erkaklar va ayollar g'oyalari bir-biriga zid deb hisoblanadi, va ayrim jamiyatlarda rolli xatti-harakatlar qutblashgan bo'lishi mumkin: passivlik – ayollar roli, faollik – erkaklar roli. Gender rollar bilan bog'liq bo'lgan ko'rsatmalar, ayniqsa, mehnatning erkaklar va ayollar mehnatiga bo'linishida yaqqol namoyon bo'ladi.

Axborot tazyiqi, o'z navbatida individ shaxsiga ta'sir ko'rsatadi, inson o'zi va dunyo haqidagi bilimlarni kengaytirib, muayyan ijtimoiy masalalarga qanday yondashish kerakligini anglashga intilar ekan, ko'pincha o'z tajribasiga emas, atrofdagilardan olayotgan axborotga tayanadi. Birinchi navbatda, bu gender rollarga tegishlidir. Erkaklar va ayollar turli rollarni bajaruvchi muhit, shuningdek, ommaviy axborot vositalari erkaklar va ayollar o'rtasidagi farqning qanchalik

kattaligini ta'kidlab kelishadi. Bunday farqlar "tabiiy" xususiyatga ega ekanligi, o'zgarmasligi, bularning barchasi haqiqat ekanligi to'g'risidagi xulosa zo'rlab uqtiriladi va odamlar ushbu ko'rsatmalar va kutishlarga rioya etadi. Rivojlanish psixologiyasi sohasidagi

mutaxassislar *"differensial ijtimoiylashuv"*

atamasidan gender rollarini o'zlashtirish sodir bo'ladigan jarayonni belgilash maqsadida foydalanishadi. Differensial ijtimoiylashuv jarayoni ko'pincha bola tug'ilishidan avval vujudga keladi. O'g'il yoki qiz tug'ilishini bilish ota-onalar va atrofdagilar harakatiga ta'sir ko'rsatadi, shunga ko'ra bolaga ism, kiyim va o'yinchoqlar tanlanadi. Bola tarbiyasining har bir bosqichida, keyinchalik butun umri davomida "erkaklarga xos" va "ayollarga xos" harakatlar me'yorlari va stereotiplar mustahkamlanadi. 5 yoshga kelib bolalar qat'iyat bilan o'zlarini erkak yoki ayol jinsiga mansub deb hisoblaydi va bu gender identifikatsiyaga mos keladi.

Shuni qayd etish zarurki, mavjud madaniy voqelikni anglash, o'zlashtirish va tiklash jarayoni gender ijtimoiylashuv davrida avvalo taqlid qilish darajasida sodir bo'ladi. O'zini anglash va atrofdagi voqelikni tushunish davomida individning ijtimoiy harakati kutilayotgan ijtimoiy me'yorlarga mos kelishi mumkin (hatto uning dunyoqarashiga zid bo'lgan taqdirda ham). Ichki qarshilikka qaramay, an'anaviy gender rollarga bo'ysunishga olib keladigan harakatning bunday turini ijtimoiy psixologlar yon beruvchi deb hisoblaydi.

Shuningdek, inson jamiyatda qaror topgan gender rollarga va tegishli me'yorlar va andozalarga to'liq qo'shiladigan harakat turi ham mavjud. U ma'qullash yoki interiorizatsiya deb ataladi. Harakatning uchinchi turi – bu identifikatsiya, bunda erkaklarga yoki ayollarga o'xshash istagi tufayli rollarni oddiy takrorlash sodir bo'ladi.

Individning gender rolli ijtimoiylashuviga ta'sir ko'rsatadigan qator omillar mavjud. "Erkaklarga xos" va "ayollarga xos" o'xshashliklar mustahkamlanishiga xizmat qiluvchi maxsus vositalar sirasiga ta'lim, jamoatchilik fikri, adabiyot va san'at asarlari, reklama, ommaviy axborot vositalari, televidenie va hokazolar kiradi. Barcha ushbu vositalar erkaklar va ayollar rollari to'g'risidagi an'anaviy tasavvurlarni tiklashga yo'naltirilgan bo'lib, bu orqali ushbu me'yorlar qo'llab-quvvatlanadi.

Erkaklar va ayollar rollari to'g'risidagi an'anaviy qarashlar asosida ularning ijtimoiy harakati biologik farqqa asoslanganligi to'g'risidagi fikrdan kelib chiqadi. XX asrning boshida mashhur psixoanalitik Zigmund Freyd "Anatomiya – bu taqdir" deb aytgan edi. O'g'il bolalar tarbiyasi an'anaviy ravishda tajovuzkor xususiyatga ega, chunki erkak ayolga nisbatan kuchli, shijoatli va qat'iyatli bo'lishi kerak. Erkaklarga tarix va madaniyat bunyodkori bo'lish roli berilgan. Qizlarga kichikligidanoq bo'lajak ona roli singdiriladi, u shaxsiy qiziqishlarga ega bo'lmasligi, o'z hayotini oilasiga – eri va bolalariga bag'ishlashi kerak. Qizlar jismoniy jihatdan ham, psixologik jihatdan ham himoyasiz qilib tarbiyalanadi. Bu esa o'z ustidan zo'ravonlikni qabul qilishga qulay asos yaratadi. Ayollarga uy ishlari va bolalar tarbiyasi ishonib topshirilgan uy bekalari roli ajratilgan. Erkaklar va ayollar roli bunday biologik jihatdan belgilab qo'yilgan yondashuv (*biologik determenizm*) bugungi kunda genderni ijtimoy shakllantirish tarafdorlari tomonidan tanqid qilinmoqda.

Shuni aytish joizki, *biologik determenizm* yondashuv sifatida nafaqat gender tengsizligi mavjudligini tabiatan berilgan deb oqlaydi, balki turli ijtimoiy guruhlar o'rtasidagi asrlar davomida shakllangan tengsizlikni ham yoqlaydi. Xususan, turli jamiyatlarda tana rangi yoki kelib chiqish insonning muayyan ijtimoiy guruhga mansubligini – podshoh, qul, muayyan urugʻ vakili ekanligini belgilar edi. Ierarxik tabaqalanish ijtimoiy stratifikatsiya jarayonida sodir boʻlar edi. Biroq, har qanday jamiyatga xos boʻlgan stratifikatsiyaning universal modeli gender stratifikatsiyasidir, bunda ierarxiya jinsiy mansublikka koʻra belgilanar va bunda doimo erkak ustun hisoblanar edi. *«Tarix shuni koʻrsatdiki, haqiqiy hokimiyat doimo erkaklar qoʻlida boʻlgan, patriarxal davrining eng boshidan ular ayollarni qaram ahvolda saqlash foydali deb hisoblagan, ularning qonunchiligi ayolga qarshi qaratilgan: va shu tariqa u oʻzga deb belgilangan edi... Ayol boʻlib tugʻilmaydilar, ayol boʻlib shakllanadilar».*

Genderni shakllantirish nazariyasining asosiy tushunchalari.

Biologik determenizm jinslar o'rtasidagi tushunishga yondashuv sifatida genderni ijtimoiy shakllantirish tarafdorlari tomonidan jiddiy tanqid qilinadi. Ularning fikricha, o'g'il va qiz bolalarda ijtimoiylashtirish jarayonida turli malaka va ruhiy fazilatlarni tarbiyalash, erkaklar va ayollar o'rtasidagi mehnat taqsimoti jamiyatda qabul qilingan madaniy me'yorlar, rollar va stereotiplar gender farqlarni shakllantirish jarayonini ifodalaydi.

***Biologik determenizm** jinslar o'rtasidagi tushunishga yondashuv sifatida genderni ijtimoiy shakllantirish tarafdorlari tomonidan jiddiy tanqid qilinadi. Ularning fikricha, o'g'il va qiz bolalarda ijtimoiylashuv jarayonida turli malaka* *va ruhiy fazilatlarni tarbiyalash, erkaklar va ayollar o'rtasidagi mehnat taqsimoti jamiyatda qabul qilingan madaniy me'yorlar, rollar va stereotiplar gender farqlarni shakllantirish jarayonini ifodalaydi.*

Gender ayollar va erkaklarga ta'sir ko'rsatuvchi barcha ijtimoiy jarayonlarda mavjud, tashkil topadi va qayta tiklanadi. Genderning ijtimoiy tashkil topishi nazariyasida uchta asosiy tushuncha farqlanadi: jins, jinsiy mansublik va gender.

1970 yillar boshigacha jins xususida bu anatomik, fiziologik o'zgarmas kattalik (konstanta), individga berilgan maqom degan aniq tasavvur mavjud bo'lgan. Gender esa feminist tadqiqotchilar tomonidan "psixologik, madaniy va ijtimoiy vositalar bilan erishiladigan maqom" sifatida ko'rib chiqiladi". Biroq, shaxsning gender identifikatsiyasi kichikligidanoq, 5 yoshlarga kelib (K. Miller esa 18 oylik yosh haqida darak beradi) shakllanishi, keyinchalik esa jamlanadigan tajribada mustahkamlanib borishi gender erishish mumkin bo'lgan maqom ekanligi to'g'risidagi qarashni shubha ostiga oladi. Gomoseksualizm, transseksualizm, shuningdek, eng yangi biologik kashfiyotlarning paydo bo'lishi va anglanishi jinsni faqat tug'ma anatomik o'zgarmas kattalik sifatida qabul qilishga qarshi qo'yiluvchi dalillarga aylandi.

Xuddi shu kabi qayta anglash jarayonlari ijtimoiy va gumanitar fanlarda ham sodir bo'lmoqda. YAqin paytlargacha jamiyatga yot deb qarab kelingan hodisalar zamonaviy jamiyatda turli-tuman ijtimoiy harakatlar ifodasi sifatida qabul qilinadi. Xulosa shundan iboratki, erkaklar va ayollarning jinsiy etuklik paytida va reproduktiv sohada namoyon bo'ladigan xromosomalari to'plamida aniqlangan farqlar erkaklar va ayollar ijtimoiy nuqtai nazarlaridagi tafovutlarni oqlovchi kuchli dalil bo'la olishi gumon.

Jins va gender tushunchalarini farqlash borasidagi birinchi urinish 1968 yili Kaliforniya universiteti professori Robert Stoller tomonidan amalga oshirildi. Transseksuallar muammosini o'rganish shunday xulosaga olib keldiki, gender o'zni anglashni o'zgartirishdan ko'ra jarrohlik yo'li bilan jinsni o'zgartirish osonroq. Fandagi yangi kashfiyotlar ularni nazariy jihatdan anglash bilan birga tadqiqotchilarni shunday xulosaga olib keladiki, jins bu – biologik xususiyatlarning birligi bo'lib, individni muayyan biologik jinsga tegishli deb bilish uchun dastlabki asosdir.

"Biroq faqat rol emas, balki jinsga daxldorlikning o'zi o'zaro aloqalar jarayonida individlarga bog'lab qo'yiladi".

Boshqacha aytganda, "biologik jins va jinsga mansublikni analitik jihatdan farqlanadi. Agar biologik jins fiziologik-anatomik xususiyatlar mavjudligiga ko'ra belgilansa, jinsiy kategoriyaning belgilanishi shaxslararo aloqalar jarayonida amalga oshadi.

Jinslarning biologik belgilari kiyim ostida yashiringan. Ular bilan bog'liq xususiyatlar o'zaro aloqalarda namoyon bo'ladi. E.Goffman fikriga ko'ra identifikatsiyaning universal vositalariga tashqi ko'rinish, ovoz, xat kiradi, biroq, amaliyot ko'rsatadiki, u yoki bu jinsga mansublikni aniq ko'rsatib beruvchi tashqi ko'rinish belgilari mavjud emas. YUz chiziqlari, sochlar, oyoq-qo'llar uzunligi, ovoz, kiyim, bezaklar bugungi kunda jinsni aniq belgilashga xizmat qila olmaydi. Jins identifikatsiyasi muammosi vujudga kelganda, kommunikatsiya aloqasi uziladi, agar jins aniq bo'lsa, kommunikatsiya amal qiladi va identifikatsiyani bunday jarayoni kundalik aloqalar jarayonida sodir bo'ladi va madaniy nuqtai nazardan belgilanadi. SHu tariqa gender ijtimoiy shakllanish nuqtai nazaridan – bu shaxslararo aloqalar tizimi bo'lib, uning vositasida ijtimoiy tartibning asosiy kategoriyalari bo'lgan erkaklarga xos va ayollarga xos tasavvurlar yaratiladi, tavsiflanadi va qayta tiklanadi".

Ijtimoiy tartib "erkaklarga xos" va "ayollarga xos" xususiyatlarning qayta tiklanishini ko'zda tutadi. Biroq, qaror topgan ushbu tartib buzilgan holda umum qabul qilingan me'yorlar ham buziladi, uning tashabbuskori gender muammo vaziyatiga tushib qoladi. "Harakatning g'ayrioddiyligi umum qabul qilingan me'yorlarga zid keladi, uning muallifi esa jamiyat tomonidan tushunilmay qolishi mumkin. Hozirgi paytda ijtimoiy tartib shunday qaror topganki, u yoki bu jinsga mansublik ierarxiya va hokimiyat elementlarini o'zida mujassamlashtiradi, ularga ko'ra erkaklar ayollarga nisbatan ustunroq mavjudot hisoblanadi. SHu ierarxiyaga asosan erkaklarga tegishli bo'lgan vazifalar va qadriyatlar ayollarga tegishli shu tushunchalarga nisbatan ancha yuqori turadi. Jamiyatda *gender assimetriyasi–* erkaklar va ayollarning ijtimoiy maqomida turli sohalarda namoyon bo'ladigan tengsizligi yaqqol kuzatiladi.

Genderning tashkil topish sohalari. Ijtimoiy va xususiy sohalar. Ijtimoiy va xususiy sohalarda gender munosabatlari me'yorlari. Gender dekonstruksiyasi. Genderni doimo yaratiladigan hamkorlik sifatida koʻrib chiqishda jamiyat tomonidan gender tengsizlik qayta tiklanadigan jarayonga koʻmaklashuvchi vositalarga alohida e'tibor qaratish lozim. Genderni ijtimoiy shakllanishi nazariyasi tarafdorlari ijtimoiy hayotning turli sohalari – **ijtimoiy va xususiy sohalarga** murojat **etadi.**

Ijtimoiy soha mutaxassislar tomonidan *siyosiy, iqtisodiy* va *ramziy* turlarga boʻlinadi. Ushbu sohalarning har birida jinslararo munosabatlarning yaratilishi va qayta tiklanishi sodir boʻladi.

Siyosiy sohada gender assimetriyasi yaqqol kuzatiladi, zero ayollar jamiyatning siyosiy hayotida toʻlaqonli ishtirok etishidan mahrum etilgan. Jahon statistika ma'lumotiga ko'ra ayollar ulushiga dunyo parlamentlaridagi o'rinlarning 10 foizi va milliy hokimiyatlarda 6 foizi to'g'ri keladi. Vaholanki, ayollar aholining yarmidan ko'pini tashkil etadi. Ayollarning siyosat sohasida erkaklar bilan teng bo'lmagan holati ayollarning oilada va ro'zg'orda haddan tashqari bandligi, saylov kompaniyalarining o'tkazishga mablag'i etishmasligi yoki o'zining past siyosiy maqomining ijtimoiy adolatsizligini anglamasligi tufayli vujudga keladi va "unda yuqori lavozimlarga erishish va siyosiy maqsadlarga erishish borasida katta maqsadlarni keltirib chiqarmaydi". Buning sababi shundaki, ijtimoiylashuv jarayonida ayol eng avvalo "ona", "uy bekasi" va "mehnatkash" sifatida qaraladi. Genderning shakllanishi nazariyasi nuqtai nazaridan siyosiy etakchi erkak imidjini va siyosiy etakchi ayol imidjini oʻrganish muhim ahamiyatga ega. Siyosatchi ayol supermen boʻlgan siyosatchi erkak imidjiga nima qarshi qoʻyishi mumkin? Bu oʻrinda "Temir Xonim" iborasini eslashni oʻzi kifoya. Bu ibora bilan zamonamizning mashhur siyosatchisi Margaret Tetcherni atashgan. Ayollarning siyosiy etakchiligi muammosi jiddiy tadqiq qilinishi kerak, biroq, shunisi ayonki, jamiyat mavjud gender streotiplardan qiyinchilik bilan voz kechadi va siyosatda ayollar etakchiligi vujudga kelishiga oʻrganish ogʻir kechadi.

Gender tengsizligi va assimetriyasi

mavjudligini tan olish jarayoni o'tish davrini boshdan kechirayotgan mamlakatlarda avtoritar hokimiyat ustunlik qilgan davlatlarda ayniqsa, og'riqli kechadi. CHunki bu muammo bevosita demokratik institutlar qaror topishi, jamiyatning siyosiy madaniyati rivojlanishi va shu orqali gender yondashuvlar qonuniylashishi va amal qilishi bilan bevosita bog'liqdir.

Siyosiy madaniyatda gender yondashuv elementlari Evropa mamlakatlari va AQSHda kuzatiladi. Ularda "saylov tizimining partiya ro'yxatlarida gender kvotalash, gender muvozanatsizlikni bartaraf etish bo'yicha milliy mexanizmlar va boshqa belgilar mavjud".

Iqtisodiy sohada gender stratifikatsiya

jarayoni chuqur gender assimetriyasi vujudga kelishiga sabab bo'ldi. U erkaklar va ayollar uchun mehnat va bandlik sohasida kuzatiladigan noteng imkoniyatlarda namoyon bo'ladi. Iqtisodiyotda, mehnat bozorida erkak va ayollar bandligi sohalari aniq bo'lingan. Mavjud vaziyatdan kelib chiqqan holda tadqiqotchilar shunday xulosaga keladiki, "ayollarning layoqatlari va roli vazifalari to'g'risidagi stereotiplar bandlikning an'anaviy va noan'anaviy sohalarida ayollarga to'sqinlik qiladi. Ayollarning kasbiy maqomi iqtisodiyotning barcha sohalarida erkaklarning maqomiga qaraganda ancha past bo'lib, tegishli ravishda bu ayollarning xizmat pog'onalarida sekin o'sishiga va kasbiy maqomi past darajada bo'lishiga olib boradi.

Muammoning boshqa jihati shundaki, ayollar o'rtasida ishsizlik darajasi erkaklarnikiga qaraganda ancha yuqori. Turli tanazullar paytida eng avvalo ayollar ishdan bo'shatiladi, ishga olish paytida esa erkaklar afzal ko'riladi.

Ayollarning mehnat bozoridagi mavjud ahvolini yorituvchi yana bir ko'rsatkich ayollar ishiga kam haq to'lanishida namoyon bo'ladi va u xuddi shu ish uchun erkakka to'langan ish haqining bir qismini tashkil etadi xolos. Teng mehnat uchun teng haq to'lash tamoyilining buzilishi barcha joyda kuzatiladi. Ayollarni yuqori haq to'lanadigan, istiqbolli lavozimlardan surib chiqish jarayoni sodir bo'lmoqda.

SHuni qayd etish zarurki, iqtisodiy sohada gender tengsizlik masalalari jiddiy tadqiq qilinishi kerak va bu ish mazkur o'quv qo'llanmasining navbatdagi boblarida amalga oshiriladi ("Iqtisodning gender jihatlari" mavzuiga qarang). Har qanday sohada, shu jumladan, iqtisodiy sohada gender muammolari bilan shug'ullanadigan tadqiqotchilarning vazifasi ijtimoiy nuqtai nazarni gender nuqtai nazariga ko'ra o'zgartirish imkoniyatiga ta'sir ko'rsatuvchi xatti-harakat tartibining o'ziga xosligini aniqlashdan iborat. Ijtimoiy hayotda ommaviy axborot vositalari alohida o'rin tutadi.

Ular nafaqat doimiy ravishda gender obrazlarni qayta tiklaydi, balki faol ravishda ularni kuchaytirib, shusiz ham og'riqli gender muammolarni yanada chuqurlashtiradi. Zamonaviy OAVning butun birligi u yoki bu jinsga mansub ramziylikka e'tibor qaratmoqda. Erkak va ayollarga tanlov imkoniyatini belgilovchi obrazlar yaratilmoqda. Bular "super erkak va super ayol, feministlar va an'anaviy ayollar obrazlaridir". Tanlash imkoniyati unchalik keng emas. Biroq, ular erkaklar va ayollar "tartibni boshqarishi uchun" ega bo'lgan imkoniyatlarini belgilaydi.

Turli jamiyatlarda ommaviy axborot vositalari davlat hokimiyati darajasida shakllantiriladigan ijtimoiy buyurtma, qarashlarga mos tarzda erkaklar va ayollar obrazlari targ'ib qilinadi. Qayd etilganidek, bu jarayonda demokratik institutlarni rivojlanish jarayonlari, jamiyatning gender madaniyati muhim ahamiyatga ega.

Xususiy soha gender munosabatlari tashkil topadigan yana bir soha bo'lib, u oilani va unga bog'liq bo'lgan barcha munosabatlar spektrini qamrab oladi. Bunga yaqin atrofda yuzaga keladigan shaxslararo birlik kiradi. Aynan uy va oila gender shakllanishi nazariyasi tarafdorlari tomonidan ayollar tajribasining muayyan manbasi va "ayollarga tazyiq o'tkazish manbai" hisoblanadi. Unda ayollarni uy dunyosiga siqib chiqarish jarayoni faol davom etadi. *Uy* kategoriyasi nafaqat an'anaviy jamiyatda, balki gender madaniyatni o'zlashtirish va qabul qilishga da'vogar jamiyatda ham ayollar dunyosi sifatida ko'zdan kechiriladi. *Uy dunyosi* bilan bog'liq bo'lgan va gender stereotiplarning qayta tiklanishiga ta'sir ko'rsatadigan barcha narsalar an'anaviy gender ijtimoiylashuvi bilan chegaralangan, gender rollarga nisbatan eskirgan qarashlarga asoslangan doiradan chiqib ketish yo'llarining jiddiy tahlilini taqozo etadi. *"Uy dunyosi* qanday tashkil topgan, unda qanday huquq va qoidalarga rioya etiladi, u umuman jamiyatda qanday o'rin egallaydi, uy dunyosida erkakning roli qanday", ushbu savollarga javoblar xususiy sohaning ayollar va erkaklar imkoniyatlari tengsizligi tashkil topishi jarayonidagi rolini aniqlashga xizmat qiladi.

Gender dekonstruksiyasi. Tengsizlikning mavjudligi va jinslararo munosabatlarda ijtimoiy adolatsizlikning borligi yangi nazariy yondashuvning shakllanishiga turtki berdi. Unga ko'ra jinsiy rolli stereotiplar va ularga tegishli munosabatlar shubha ostiga olinadi. 1980 yillar oxiridagi feministik harakatning yangi kuchlari oldiga yangi masala – gender munosabatlarni dekonstruksiya qilish vazifasi qo'yildi. Jamiyatda gender munosabatlarning ijtimoiy tashkil etilganligini tan olish shunday xulosani keltirib chiqaradiki, demak, ularni qayta tuzish mumkin. Bu shuni anglatadiki, qaror topgan hokimiyat munosabatlarini ham qayta tashkil etish va gender tenglikka asoslangan ijtimoiy tartibni qaror toptirishga umid bor. Gender dekonstruksiyasi erkaklar va ayollar o'rtasidagi farqlar yo'qolishini anglatmaydi. Uning natijasida gendersiz jamiyat shakllanadi, unda barcha ierarxik, maqomga oid farqlar barham topadi hamda inson rivojlanishi uchun teng imkoniyatlar ta'minlanadi.

Gender va rivojlanish

Rivojlanishning eng o'tkir muammolaridan biri tenglikka erishishdir. Bundan ikki yuz yil avval buyuk burjuaziya inqiloblari ta'siri ostida hukmdorlarning va fuqarolarning tengsizligi yoki erkaklarning xotin-qizlar ustidan hukmronligi ilohlar tomonidan yo'llangan deb hisoblash an'anaviy qarashlari susaya boshladi, ozodlik va barcha odamlarning tengligi g'oyalari tarqala boshladi. Xotin-qizlarning ahamiyati, ularning jamiyatdagi roli va maqom to'g'risidagi qarashlarda o'zgarishlar sodir bo'la boshladi.

Qayd etilganidek, rivojlanish jarayonini sayyora ahlining yarmidan ko'pini tashkil etadigan xotin-qizlar ishtirokisiz tasavvur etib bo'lmaydi. 40 yillik tarixga ega rivojlanish bo'yicha xalqaro tashkilotlar faoliyati katta tajribaga ega, va ushbu tajriba tahlili erkaklar va xotin-qizlar tengligiga erishish, kambag'allikni yo'q qilish va har bir insonning to'laqonli rivojlanishi uchun shart-sharoitlar
yaratish bo'yicha bir necha asosiy xulosalarni chiqarish imkonini berdi.

Rivojlanish bo'yicha xalqaro tashkilotlarning Ikkinchi jahon urushi tugaganidan so'ng vujudga kelgan birlamchi yondashuvi moliyaviy yordam orqali rivojlanayotgan mamlakatlar iqtisodiy ahvolini yaxshilash va ekspert xizmatlarini ko'rsatish bilan bog'liq edi. Biroq, bu turdagi yordam mahalliy aholi o'rtasida boqimlik kayfiyati yuzaga kelishiga sabab bo'ldi, yordam yo'naltirilgan mamlakatlar rivojlanishining o'ziga xosligi va madaniyati deyarli e'tiborga olinmadi, bu esa oqibat natijada iqtisodiyotga to'g'ridan-to'g'ri zarar etkazishi mumkin edi. Tashqaridan yordam ko'rsatishning salbiy oqibatlarini o'rganish iqtisodiy rivojlanishning adolatli, barqaror tizimlarini yaratish va ushbu tizimlardan samarali foydalanishni tashkil etishga yangicha yondashuvning vujudga kelishiga sabab bo'ldi. Rivojlanish bo'yicha xalqaro agentliklarning faoliyatiga yangicha yondashuv tashqaridan kiritilgan rivojlanishga imkon yo'qligini anglash bilan bog'liq.

Amaliyot shuni ko'rsatdiki, rivojlanishning muvaffaqiyati ko'p jihatdan odamlarning maqsadlari, mahalliy aholining jalb etilishi, mahalliy talab va ehtiyojlarning hisobga olinishiga bog'liq. SHu talabga ko'ra xalqaro tashkilotlar tomonidan aholini rivojlanish dasturlari va loyihalariga nafaqat rivojlanish bosqichida, balki ularni ishlab chiqish va baholash bosqichida ham jalb etish uslubiyoti ishlab chiqildi. Mahalliy aholining ustun ehtiyojlarini aniqlash, o'z tashabbuslarini qo'llabquvvatlash, rivojlanish bo'yicha loyihalarni amalga oshishida zarur bo'ladigan malakalarga o'rgatish bo'yicha keng tarqalgan usullardan biri sifatida *ishtirok etish usuli* tan olindi. Tegishli ravishda erkaklar va xotin-qizlar o'rtasida tenglikka erishish rivojlanish dasturlariga aholi qanchalik to'liq jalb etilgan bo'lsa, rivojlanish jarayoni shunchalik samarali, natijalari esa barqaror bo'ladi. SHu sababli, XX asrning 70-yillaridan boshlangan "Xotin-qizlar rivojlanishda" harakati xotin-qizlar bilan ishlashga va ularni rivojlanish dasturlariga, samarali va daromad keltiruvchi faoliyatga jalb etishga qaratilgan.

Biroq, rivojlanish amaliyotining tahlili shuni ko'rsatdiki, xotinqizlar ko'pincha rivojlanish jarayonidan chetda qoladi, va, hatto unda ishtirok etgan taqdirda ham rivojlanish loyihalari natijalari erkaklar va xotin-qizlarga turlicha ta'sir ko'rsatgan. Bunday ta'sirning eng yaqqol dalili sifatida qishloq xo'jaligini mikrokreditlashni rivojlantirish bo'lib qoldi. Bir tomondan, dala ishlarini bajarishi, hosilni yig'ib-terishi, sotishi lozim bo'lgan va ayni paytda bunday faoliyatni uy-ro'zg'or ishlari, ko'p sonli oila a'zolarini parvarish qilish bilan birga olib borishga majbur bo'lgan ayollar zimmasidagi majburiyatlar ortib bordi. Ikkinchi tomondan, xotin-qizlarning rivojlanish loyihalaridan oladigan qo'shimcha daromadi erkaklar tasarrufiga o'tib borgan. Odatda, erkaklar oila ehtiyojlari to'g'risida qayg'urishdan yiroq bo'lib, daromadni o'z bilganlaricha tasarruf etgan.

Shunday ziddiyatli vaziyat vujudga kelganki, statistik ma'lumotlarga ko'ra, oilalarning umumiy daromadi darajasi oshganligini ko'rsatsa, amalda xotin-qizlarning rivojlanish jarayoniga jalb etilishi natijasida xotin-qizlar va bolalar ahvoli yomonlashgan. SHu tariqa xotin-qizlarning rivojlanishda ishtirokiga yondashuvni qayta ko'rib chiqish va rivojlanish loyihalarini xotin-qizlar va bolalar ahvoliga salbiy ta'sirini engib o'tish zarurati vujudga keldi. SHu maqsadda xotin-qizlar va erkaklarning turlicha zarurat va ehtiyojlarini ajratishga yo'naltirilgan yangi uslubiyotlar ishlab chiqilmoqda. Rivojlantirish loyihalarining erkaklar, xotin-qizlar, o'smirlar, qariyalarga va boshqalarga tabaqalashtirilgan ta'sirini o'rganishga bag'ishlangan tadqiqotlar insoniyat rivojlanishining ijobiy va salbiy omillarini batafsil ko'rib chiqish, tengsizlik manbalarini aniqlash va rivojlanishdagi teng bo'lmagan tarzda ishtirok etishga olib keluvchi sabablarni bartaraf etish usullarini topish imkonini beradi. Xotin-qizlarning rivojlanishdagi ishtirokiga yangicha yondashuv mantiqan ijtimoiy tusdagi muammolarni tadqiq etishga bag'ishlangan nazariy ishlanmalar bilan bog'liq. Dastavval, erkaklar va xotinqizlarning ijtimoiy roli, nuqtai nazari, huquq va majburiyatlari masalalari bilan etnograflar shug'ullangan. Etnograflar tadqiqotlari shuni ko'rsatdiki, sanab o'tilgan "farqlar turli mamlakatlar, turli xalqlarda xilma-xil bo'lib, qator omillar, jumladan, ijtimoiy va noijtimoiy – geografik, iqlimiy va biologik omillar bilan belgilanadi". Tadqiqotchilar xotin-qizlarning teng bo'lmagan ahvolini izohlovchi sabablarni o'rganib chiqib, bu jarayonda nima sababdan jins ijtimoiy tafovutlarni keltirib chiqaruvchi muhim elementga aylanishini aniqlashga intilgan.

Tadqiqotlar davomida G'arb feminizmidan kelib chiqqan nisbatan yangi konsepsiya vujudga keldi, unda "jins va hokimiyat masalalari ko'tarib chiqiladi, *androtsentristik* davlatning va shakllanayotgan fanning batafsil tanqidi keltiriladi".

(*Androtsentrizm* – «G'arb madaniyatiga xos erkakni umuman insonga, Homo Sapiens turiga aynan teng hisoblash, ayolni esa xususiy hol, "umuman inson"ning kichik turi sifatida olib qarash normasi). Erkaklar va xotin-qizlarning biologik farqlarini mutlaqlashtirish jarayoni shunga olib keldiki, inson faoliyatining koʻplab sohalari sun'iy ravishda "ayollarga xos" va "erkaklarga xos" turlarga boʻlina boshlandi. Bu esa fan mazmunining oʻzida ham aks etdi.

Yangi (gender) konsepsiyasi biologik jins bilan (inglizchasiga – sex) ijtimoiy jins (inglizchasiga – *gender*) farqlanishiga hamda jinslar orasidagi ijtimoiy munosabatlar faqat erkaklar va xotinqizlarning biologik oʻziga xosligi bilan belgilanmasligi, ijtimoiy rollar birligi, fiziologik farqlardan sezilarli ravishda kengligini anglashga qurilgan.

Jins – bu anatomik, fiziologik tushuncha, ya'ni individning biologik jinsga oidligini belgilovchi biologik xususiyatlar birligidir5. Biroq, odamlar o'rtasida biologik farqlardan tashqari ijtimoiy rollar, faoliyat turlari, xatti-harakatdagi va psixologik xarakteristikadagi bo'linish ham mavjud. Jinsdan farqli o'laroq gender – psixologik, madaniy va ijtimoiy vositalar bilan shakllanadi.

O'g'il va qiz bolalarda turlicha ko'nikmalar va psixologik xususiyatlarning tarbiyalanishi, xotin-qizlar va erkaklar o'rtasidagi mehnat taqsimoti, jamiyatda qabul qilingan madaniy me'yorlar, rollar va qarashlar – gender farqlanishni shakllantirish jarayonini ifodalaydi.

Shuni qayd etish lozimki, turli jamiyatlarda ushbu jarayon u yoki bu jamiyatda qabul qilingan muayyan andozalarga mos ravishda turlicha kechadi. SHu munosabat bilan erkaklar va xotin-qizlar muayyan gender standartlarga mos ravishda gender rollarni bajaradi, biroq, ushbu rollar ularga tabiatan, ularning biologik rivojlanishiga mos ravishda berilgan emas. "Gender" tushunchasining kiritilishi shuni anglashga yordam beradiki, "jamiyatdagi erkaklar va xotin-qizlar rollari ijtimoiy jihatdan tashkil topadi va belgilanadi". Gender konsepsiyasiga muvofiq rivojlanish bo'yicha faoliyatda "Xotin-qizlar rivojlanishda" ("Women in Development") shioridan

"Gender va rivojlanish" ("Gender and Development") shioriga o'tish amalga oshirildi. Aholining turli guruhlarining o'zlarining ijtimoiy rollari va o'ziga xos talablariga mos ravishda rivojlanish bo'yicha faoliyatda ishtirok etishiga nisbatan gender yondashuvning qo'llanilishi rivojlanishning gender strategiyasini ishlab chiqish imkonini berdi va unga quyidagi tarkibiy qismlar kirdi:

➢ xotin-qizlar ehtiyojlarini ustun tartibda ko'rib chiqish va hisobini yuritish (ayniqsa, madaniy me'yorlar va qadriyatlar, ularning faoliyatda teng ishtirokini cheklab qo'ygan taqdirda);

➢ jamiyatda xotin-qizlar ahvolini erkaklarning ahvoliga nisbatan aniqlash va yaxshilash;

➢ xotin-qizlar tomonidan o'z ahvolini, talab va ehtiyojlarini anglash;

➢ xotin-qizlar ahvolini yaxshilashga halal beruvchi to'siqlarni aniqlash;

➢ xotin-qizlar faoliyat sohalarini kengaytirish, ular tomonidan an'anaviy erkaklar rollari va kasb-korlarining o'zlashtirilishi;

➢ o'tmishdagi kamsitishning bevosita yoki vositali oqibatlarini bartaraf etish;

➢ xotin-qizlarning nochor guruhlarini ustun ravishda rivojlantirish.

Gender tenglik XXI asrda rivojlanish sohasida BMT maqsadlariga erishish borasida prinsipial jihatdan ahamiyatli omildir. SHunga muvofiq tarzda gender yondashuvlarning takomillashtirilishi va joriy etilishi ijtimoiy adolat, inson rivojlanishining teng huquqliligi va barqarorliligiga erishish yo'lida asosiy masala bo'lib qolmoqda. BMT tomonidan qo'yilgan masalalarning samarali tarzda ijro etish yo'llarini izlash yangi gender yondashuvlarni ishlab chiqishga olib keldi. Xususan, *Gender mainstreaming* (ba'zan «gender majmuaviy yondashuv» deb tarjima qilinadigan) kabi yangi yondashuv har qanday rejalashtirilayotgan tadbirni baholash jarayonini o'z ichiga oladi. Bu har qanday rejalashtirilayotgan tadbir, jumladan sohalarda va barcha darajalarda qonun loyihalarini, strategiyalar va dasturlarni ularning xotin-qizlar va erkaklarga ehtimol ta'siri nuqtai nazaridan ishlab chiqilishi qamrab oladi.

Xotin-qizlar talab va ehtiyojlarini ustun tarzda ko'rib chiqish va ularning hisobini yuritish. Ta'kidlanganidek, rivojlanish bo'yicha dasturlarning yuqori darajada samaradorligiga erishish uchun aholining turli guruhlarining ulardagi ishtirokini batafsil o'rganish lozim. Aholining turli guruhlarining rivojlanishga oid dasturlar va loyihalarda ishtirok etish darajasiga hududlarning ijtimoiy-madaniy rivojlanishi darajasi ta'sir ko'rsatadi. Xususan, Markaziy Osiyo mintaqasi G'arbiy Evropa, AQSH, shuningdek, Osiyo, Afrika va Lotin

Amerikasining rivojlanayotgan mamlakatlari andozalaridan jiddiy farq qiladi. Bu esa rivojlanish sohasidagi jahon tajribasini ushbu hududga tatbiq etilishiga to'sqinlik qiladi. Rivojlanish jarayoniga ta'sir qiluvchi omillar sirasiga oilaviy-maishiy, diniy an'analar, ko'chmanchi va o'troq madaniyatlar an'analaridagi farqlar, sovet davrining ta'siri va vujudga kelgan zamonaviy vaziyat kiradi.

Jumladan, oilaviy-maishiy munosabatlar sohasida jinslar tengligi g'oyalariga uyg'unlashtirish mushkul bo'lgan ko'plab an'analar mavjud. Bunga qalin to'lash, erning oilasida kelinning mavqeini pasaytirish, kelinning erning qarindoshlari bilan bevosita munosabatlarini taqiqlash kabilar kiradi. Xotin-qizlar huquqlarining buzilishi hozirgacha Markaziy Osiyoning ayrim ko'chmanchi qabilalarida mavjud bo'lgan kelin o'g'irlash an'analarida kuzatiladi. Ikkinchi tomondan, ota-onalarning kelishuviga ko'ra nikohni uyushtirish an'analari ham saqlanib qolgan, bunda kelin va kuyov to'ygacha hatto birbirini tanimaydi ham.

Gender munosabatlarga ta'sir ko'rsatuvchi boshqa
an'analar sirasida bola tug'ish an'anasi, ko'p xotinli nikohlar, xotinqizlarni ayirib qo'yish va ularning *paranji-chachvon* tutishi, erta turmushga chiqish va boshqalarni ko'rsatish mumkin.

Diniy an'analarga rioya qilish borasida jinslar tengligi va rivojlanishda ishtirok etish bilan solishtirib bo'ladigan qator muammolar mavjud. Ushbu masala diniy aqidalarning xotin-qizlarning rivojlanishda faol ishtirok etishiga ta'sirining o'ziga xos jihatlarini maxsus o'rganishni talab etadi, hamda rivojlanish bo'yicha dasturlar va loyihalarni ishlab chiqishda tegishli ravishda e'tiborga olinishi lozim.

Jamiyatda erkaklar va xotin-qizlar o'rtasida yuzaga kelgan tengsizlikdan dalolat beruvchi omillardan biri bo'lib aholi bandligining kasbiy va gender strukturasi hisoblanadi. Bunga xotinqizlar maoshidagi jiddiy farq, mamlakat xo'jaligining o'ziga xos "xotin-qizlar" tarmoqlarida xotin-qizlarning jamlanishi va hokazolar kiradi. Ikkinchi tomondan, oilada erkaklar bilan xotin-qizlar o'rtasidagi majburiyatlarning notekis taqsimlanishi va bunda uy-ro'zg'or, bolalar, ota-onalar to'g'risida g'amxo'rlik qilish asosan xotin-qizlarning zimmasiga tushishi ularni o'z kasbiy mahoratini rivojlantirishdan voz kechishni tanlashga olib keladi va ushbu tanlovni ixtiyoriy deb bo'lmaydi.

Xotin-qizlar tomonidan o'z ahvolini, talab va ehtiyojlarni anglash. Xotin-qizlarning muayyan darajada ajratib qo'yilishi, jamiyatda qaror topgan muayyan fikrlash stereotiplari va ular asosida qizlar va ayollarning hayot yo'li oldindan belgilab qo'yilganligi ularning erkin rivojlanishini muayyan darajada cheklab qo'yadi, vaholanki, bu har bir insonning ajralmas huquqidir. Afsuski, xotinqizlar shaxsiga nisbatan ijtimoiy tazyiq shunchalik kuchliki, u xotinqizlarning oʻzini anglashi darajasiga salbiy ta'sir koʻrsatadi. Kamdankam hollarda xotin-qizlar oila, mahalliy jamoa va umuman, jamiyat miqyosida oʻzlarida etarli kuch va bilim topa oladi. Xotin-qizlar huquqiy savodxonligining pastligi shunga olib keladiki, ular ijtimoiy kamsitish va zoʻravonlikning turli koʻrinishlari qurboni boʻlib qoladi.

An'anaviy xotin-qizlar roli tomonidan xotin-qizlar
rivojlanishiga yuklanadigan cheklovlar. Xotin-qizlarning erkin va har tomonlama rivojlanishi jarayonidagi muhim toʻsiqlardan biri shundan iboratki, ishlayotgan ayol uy-roʻzgʻor tashvishlari va bolalari uchun

mas'uldir. Hatto G'arbning rivojlangan mamlakatlarida ishlovchi ayol uy-ro'zg'or ishlarining 70%ga yaqinini bajaradi. U bilim darajasini oshirish, shaxsning intellektual va jismoniy rivojlanishi, ijtimoiy muloqot doirasini kengaytirish va hokazo uchun asos bo'ladigan bo'sh vaqtdan deyarli mahrum qilingan.

Xotin-qizlar resurslar ustidan nazorat qilish va firmaning rivojlanish strategiyasini belgilash imkonini beruvchi lavozimlarni kam hollardagina egallaydi. Ayrim tashkilotlarda "oyna shift"ning mavjudligi va ayolning kasbiy o'sishda undan yuqori ko'tarila olmasligi ham uning lavozim pog'onalaridan o'sishiga va shaxsining rivojlanishiga xalal beruvchi muayyan to'siq hisoblanadi. Ushbu jarayon uchun jamiyatdagi mavjud gender aqidalar mas'ul bo'lib, ularga ko'ra erkaklar tabiatan samaraliroq etakchi, boshqaruvchi, rahbar hisoblanadi.

Xotin-qizlarning ishdagi maqomining pastligi shunga olib keladiki, ular kamroq darajada iqtisodiy hukmronlikka va imkoniyatga ega. Xotin-qizlar ishiga erkaklarnikiga nisbatan kam haq to'lanishi (O'zbekistonda xotin-qizlar erkaklar oyligining 80%i miqdorida ish haqi oladi)9 xotin-qizlarning mustaqil ta'lim sohasidagi va shaxs rivojidagi imkoniyatlarining chegaralanishiga olib keladi. Ikkinchi tomondan, xotin-qizlar har doim ham o'z ish haqini tasarruf etish huquqiga ega emas. Masalan, ishlayotgan xotin-qizlar bilan olib borilgan tadqiqot natijalariga ko'ra, faqat 27% xotin-qizlar o'z maoshini o'zi tasarruf etishini aytdi (bunga turmushga chiqmagan xotin-qizlar ham kiradi), 41% ning bildirishicha, ularning ish haqidan foydalanishga oid qarorlar er va boshqa qarindoshlari bilan birgalikda qabul qilinadi va 12% ayollarning aytishicha, ularning maoshi erlarining ixtiyorida.

Hozirgi jamiyatda jins asosida yaqqol ijtimoiy tengsizlik va kamsitishni oqlashga yordam beradigan bir qator salbiy qarashlar mavjud. Ijtimoiy psixolog M.J.Lernerning fikricha, "hayotning o'zi shunday" degan fikr ana shunday qarashlardan biridir. Ushbu konsepsiyaga ko'ra shunday salbiy yondashuvlardan biri vujudga keldiki, unga ko'ra xotin-qizlarga "ojiza" deb qaraladi va shunga ko'ra ularning mavqei pastligi va mehnatiga kam haq to'lanishini izohlashga harakat qilinadi.

Erkaklarning an'anaviy rollari tomonidan erkaklar
rivojlanishiga yuklanadigan cheklovlar. Gap jinslar tengligi xususida borganda bu barcha e'tibor xotin-qizlar muammolariga
qaratilishi kerak, degani emas. Qayd etilganidek, rivojlanish bo'yicha dasturlar va loyihalarda asosiy e'tibor erkaklar va xotin-qizlar
rollarini o'rganishga qaratiladi, ular esa xotin-qizlarning ham, erkaklarning ham rivojlanishiga salbiy ta'sir

ko'rsatadi. Biroq, agar "xotin-qizlar" masalasi ham sovet olimlarining va G'arb feministik fanining tadqiqot predmetini tashkil etgan bo'lsa, bugungi kunda erkaklarning an'anaviy roli bilan yuklanadigan cheklovlarga taalluqli tadqiqotlarning soni kam. SHunga qaramay, ushbu cheklovlar mavjuddir va erkaklarning xatti-harakatiga ham ta'sir ko'rsatadi. Bir tomondan, erkaklarning ijtimoiy maqomi maoshining kattaligi va ishdagi muvaffaqiyati bilan belgilanadi. Anglashilarlikki, erkaklarning barchasi ham jamiyatda "yaqqol muvaffaqiyat" deb qabul qilinadigan hamda "haqiqiy erkak" to'g'risidagi tasavvurga mos kcladigan xizmat lavozimiga erisha olmaydi.

Bu sohadagi muvaffaqiyatsizliklar erkaklarning o'ziga o'zi beradigan bahosining pasayishiga olib keladi. Ushbu holatlar erkaklarni ish haqiga ko'ra ish va lavozim tanlashiga ta'sir ko'rsatadi, bunda ayniqsa, xotini ishlamaydigan erkaklar kuchli ruhiy tazyiqni boshdan kechiradi. Bir necha odamning yagona boquvchi bo'lgan erkakka qaramligi stress holatini keltirib chiqaradi. Tegishli ravishda, erkaklar zimmasiga yuklangan asosiy majburiyat – katta maosh olib kelish – erkaklar tomonidan otalik vazifalarini bajarishiga salbiy ta'sir ko'rsatadi, ularni bolalar tarbiyasidan uzoqlashuviga sabab bo'ladi, bu esa ayniqsa, o'zbek oilalari misolida yaqqol namoyon bo'ladi.

Yuqorida tasvirlangan maqomga to'g'ri kelmaydigan erkaklar layoqatsizlik tuyg'usini boshdan kechirib, uning o'rnini "yuqori darajada erkaklik" bilan qoplashga va bunda emotsional, aqliy va jismoniy jihatdan haddan ziyod qat'iyat namoyish etishga intiladi. Emotsional jihatdan erkaklar kamroq hayajonlanishi, va, shuningdek, his-tuyg'ularini kamroq namoyish etishi kerak. Bu esa erkaklarning oiladagi, xotini va bolalari bilan munosabatlarining qashshoqlashuviga sabab bo'ladi. Ikkinchi tomondan bu erkaklar orasida ko'proq darajada ziddiyatlilikka va raqobatlashuvga olib keladi. Aqliy qat'iyatni namoyish etishda erkaklar bilimli va layoqatli bo'lib ko'rinishga intiladi hamda ularning bilim darajasidan yuqori bo'lgan muammolar yuzaga kelganda mushkul ahvolga tushib qolishadi. Ular o'zlarining bilimsizligiga guvoh bo'lgan atrofdagi kishilarni kamsita boshlaydi yoki chuqurroq bilimga ega xodimlarni siquvga ola boshlaydi va hokazo.

Jismoniy qat'iyatni namoyish etishda erkaklar chegara bilmay qoladi va o'zini ko'rsatish uchun zo'ravonlik ishlata boshlaydi. Ushbu toifaga yoqalashuvchi, va, odatda jismonan ojiz, o'zi haqida past fikrda bo'lgan va quyi ijtimoiy-iqtisodiy maqomga ega erkaklar kiradi. Ularning o'zligini namoyish etishi ko'pincha oilada kechadi hamda xotinlari, bolalari va onalari zo'ravonlikka duchor bo'ladi.

SHu tariqa, bir tomondan erkaklar roli andozalarini qo'llabquvvatlash va tegishli xatti-harakatlarning mushkulligi erkaklarni gender roli bilan bog'liq ruhiy tenglikka olib keladi.

Bularning barchasi jamiyat va erkakning atrofdagilarining salbiy ta'siri davomida sodir bo'ladi. Ikkinchi tomondan, erkaklar roli andozalariga mos keluvchi erkaklar muomala borasida jiddiy qiyinchiliklarga uchraydi va bu ham noqulaylik va ruhan siqilishga sabab bo'ladi. Tegishli xulosa chiqarish mumkin: agar tenglik uzoq vaqt davomida xotin-qizlar muammosi hisoblangan bo'lsa, keyingi vaqtlardagi "erkaklar" tadqiqotlari shuni ko'rsatmoqdaki, bu erkaklarga ham tegishli muammodir. "Gap shundaki, erkaklarning aksariyati o'zlarini erkak jinsi vakili deb emas, odamzot vakili deb hisoblaydi. ...Erkaklar shovinizmi demokratiya va madaniy jamiyat hamda davlat bilan uyg'un bo'la olmaydi". Zero bu inson rivojlanishi konsepsiyasining o'ziga zid keladi.

Gender va oila

Oila, qarindoshlik, nikoh va gender rollar tarixi. Qarindoshlik tashkiloti va unga xos bo'lgan dual **ekzogamiyaning** paydo bo'lishi bilan ibtidoiy tuzumda nikoh, ya'ni jinslar o'rtasidagi munosabatlarni tartibga solib turuvchi alohida muassasa vujudga keldi. Ayni bir vaqtda, ba'zi boshqa nuqtai nazarlarga qaraganda, keyinroq er-xotin o'rtasidagi, shuningdek ota-onalar bilan bolalar o'rtasidagi munosabatlarni tartibga solib turuvchi oila instituti barpo etildi. Etnografiya va arxeologiya ma'lumotlari nikohning boshlang'ich shakllariga nisbatan ikki xil nuqtai nazarni ajratishga imkon beradi. Birinchisi: dastlabki shakli guruhli nikoh bo'lgan, keyinchalik u yakka nikohning turli shakllari bilan o'rin almashgan. Boshqa bir nuqtai nazar: avval boshdanoq yakka nikoh va yakka oila mavjud bo'lgan.

Dastlabki echimni L. G. Morgan boshlab bergan. U bir-birining o'rnini izchillik bilan bosadigan besh xil oila shaklini belgiladi: **qondosh** (bir avlodga mansub barcha shaxslar o'rtasida nikoh umumiyligi), *punalual* (xuddi shunday umumiylik, undan *siblinglar* mustasno) juftlik (ikki er-xotinning mustahkam bo'lmagan va iqtisodiy asosdan maxrum bo'lgan birlashmasi), oraliq patriarxal (er yaqqol hukmron bo'lgan oila) va *monogam* (xususiy mulki sifatida er xukmron bo'lgan erxotinning mustahkam birlashmasi). Ikkita dastlabki shakl guruhli nikohga, qolganlari yakka nikohga asoslangan.

Guruhli nikohni birlamchiligini yoqlab chiqqan tadqiqotchilar u *dislokal* edi, ya'ni er-xotin bir joyda yashab qolmay vaqti-vaqti bilan biror joyda uchrashib o'z guruhlarida yashashni davom etgan, deb hisoblaydilar. Boshqa, juft nikohning birlamchi ekanligi tarafdori bo'lgan olimlar uni *unilokal* er-xotin birga yashashiga va oila hosil bo'lishiga olib keluvchi, deb qaraydilar.

Tasvir etilayotgan davrda *poliginiya*, jumladan keyinchalik vafot etgan xotinning opasi/singlisi bilan yashashga o'tgan bir necha opa-singil bilan yashash *sororat*, keyinchalik aka yoki ukaning bevasiga uylanishga aylangan u(lar)ning xotini bilan yashash *levirat* shaklida amalda edi. SHuning bilan bir qatorda yoki o'rniga *poliandriya* amalda bo'lar edi.

Ko'p hollarda erkak kishi umri davomida bir necha xotinni, ayollar esa – bir necha erni almashtirardi. Er-xotin jinslararo mehnat taqsimoti jarayonida xo'jalik faolitini ayrboshlar edilar. Bundan tashqari oila bolalar ijtimoiylashuvida o'z vazifasini bajarar edi: nafaqat ona, balki ota ham ular haqida g'amxo'rlik qilar edi. Lekin bu barcha vazifalar juftlik oilada kurtak holida edi, chunki oila mustaqil, jamoa-urug' tuzumiga qarshi turadigan guruh bo'lmagan. Erkaklar va ayollar ko'pincha alohidaalohida mehnat qilib mehnat mahsulidan ham alohida-alohida foydalanar edilar; bunda ular ko'proq quda-andalar bilan emas, urug'doshlar bilan baham ko'rishar edi. Mol-mulk ham, meros tarzida o'tgan hollarda, eng yaqin urug'doshlarga o'tar edi. Umumoila mulki ko'proq istisno tariqasida mavjud edi.

Kech ibtidoiy jamoa bosqichida juftli nikoh hukm surishda davom etar edi. Avval bo'lganidek, nikoh xohlagan tomonning istagi bilan osonlik bilan bekor qilinar va unda guruh munosabatlar ham ko'rinar edi. Erta ishlab chiqarish xo'jalikli qabilalarda ko'proq poliginiya, xususan sororat shakli amalda edi, chunki dehqonchilikda ayollar mehnatining katta ahamiyati tufayli bir necha xotin olish yutuq hisoblanardi. Aksincha, oliy ovchilar, baliq ovchilari va yig'uvchilar qabilalarida poliandriya, xususan levirat shakli, keng tarqalgan edi,

chunki bu erda erkak asosiy topuvchi edi. Ilk davrlarda xo'jalikning har ikkala shakli birga kelgani tufayli, ba'zi erlarda poliginiya
poliandriya bilan bir paytda uchrar edi. Ayni paytda, nikohdan avvalgi munosabatlar erkinligi saqlanar edi, chunki qizlar bola tug'a olishini isbotlashi kerak edi.

SHuning bilan nikoh ayrboshlash tusini yo'qotdi, xotin-qizlar ishchi kuchi uchun badal talab qilina boshladi. Obro'li xo'jalik rivojlanishi bilan bu talab asosan ishlab berish, keynichalik esa nikoh haqini to'lash shaklini oldi. SHu munosabat bilan nikoh haqini to'lashda yordam ko'rsata oladigan qavm-qarindoshlarning ahamiyati oshib bordi. SHu bilan birga balog'atga etmaganlar bilan, hatto kichik yoshdagi bolalar bilan nikoh haqida bitim tuzish amaliyoti rivojlana boshladi. Tarixda shunday voqealar ham ma'lumki, qarindoshlar hali tug'ilmagan bolalar (qorindagi bitim) va chaqaloqlar (beshikdagi bitim) nikohi haqida kelishib olishardi. Ilgari qadim ibtidoiy davrda erkak va ayol er va xotin bo'lish istagini shunchaki e'lon qilgan bo'lishsa, endi ularning birlashishini biron-bir tadbir bilan rasmiylashtirish odati paydo bo'ldi. O'shandan boshlab to'y marosimi paydo bo'ladi, unda har ikkala tomonning qarindoshlari o'zaro sovg'a-salom almashishlari asosiy o'rinni egallaydi.

Nikohdan so'ng er-xotinlar yashash joyi kech ibtidoiy jamoada matrilokal (uksorilokal) ham, patrilokal (virilokal) ham bo'lgan. Nikohdan so'ng yashash joyining utish bosqichi sifatida deyarli barcha erda avunkulokallik - erkak qarindoshlar, lekin ota bilan emas, balki tog'a bilan yashash - mavjud edi.

Otaning o'z farzandlari haqida moddiy g'amho'rlik qilish imkoniyatiga ega bo'lishi, ba'zi olimlarning fikricha, juft oilaning paydo bo'lishiga, boshqa olimlarning fikricha esa, juft oilaning mustahkamlanishiga olib keldi. Davom etib kelayotgan jinslar tarqoqligiga qaramay, er va xotin ko'pincha birgalikda ishlashgan, ularning umumiy mulklari paydo bo'la boshlagan. Asta-sekin ajralishlar kamayib borgan. Patrilokal jamiyatlarda nufuzli iqtisodiyotning rivojlanishi va erkaklarning ijtimoiy maqomi osha borishi bilan xotinlari erlarining qarindoshlari va qarindoshlarining ichidagi guruhlarga tez-tez qoʻshilib turishgan, bu narsa ularning urugʻ marosimlarida, urugʻ qabristonlaridagi dafn marosimlarida va boshqa tadbirlarda qatnashishlarida namoyon boʻlgan. Otalar oʻz farzandlariga shaxsiy mol-mulklarini topshirishga harakat qilishgan. Ishlarning bunday koʻrinishi juftlik oilaning kichik, yoki monogam oilaga aylana boshlagani haqida gapirishga imkon beradi.

Erkaklarning merosiga nafaqat ularning farzandlari, balki qarindosh-urugʻlari ham daʼvogarlik qilishgan, bunda koʻp hollarda ayni qarindosh-urug'lar ustunlik qilishgan. Erkak kishi xotining guruhiga o'tib, matrilokal yashayotganida o'z qarindoshlari bilan xo'jalik aloqalarini uzmagan va deyarli "ikki uy uchun" ishlagan. Ayol kishi patrilokal yashaganida ham deyarli shunday qilishiga to'g'ri kelgan. SHunday qilib, so'nggi ibtidoiy jamoa bosqichida juftlik oilaning urug' jamoasiga qarama-qarshi turishi jarayoni kuzatiladi. Jamoaurug'chilik aloqalari mustahkamlanganida oila zaiflashgan. Oila mustahkamlanganida, urug' jamoasi zaiflashgan.

Jinslar ahvolidagi keskin o'zgarish. Sinflar paydo bo'lishi davrida ishlab chiqarishning yuksalishi va xususiy mulk munosabatlarining etilishi jinslar holatida o'zgarishlarga olib keldi.

Mehnatning jinslar o'rtasida taqsimlanishi yangi tartibi buning dastlabki asosi bo'ldi. Qo'lda bajariladigan dehqonchilik ishlariga qarama-qarshi o'laroq erlarni haydash asosan erkaklar faoliyatining sohasi bo'lib qoldi. Molboqarlik faqat erkaklar ishi bo'lib qolgan. Ayollarga uy hayvonlarining oldiga yaqinlashish ham taqiqlangan. Xo'jalik faoliyatining avvalgi yo'nalishlari saqlanib qolgan joylarda ham, ularning yangicha rivojlanishi erkak mehnatining ahamiyatini so'zsiz oshirgan.

Bularning hammasi uchta muhim oqibatni keltirib chiqargan:

➢ Xotin-qizlarni xo'jalik faoliyatining asosiy turlaridan, jamoat ishlab chiqarishida ishtirok etishdan chetlashtirish;

➢ SHundan kelib chiqadiki, deyarli barcha ishlab chiqarish vositalarining erkaklar ihtiyoriga va mulkiga oʻtishi ayollarning iqtisodiy qaramligiga olib keldi. SHundan soʻng, ayol kishi tekinhoʻr va erining qaromogʻida, deb qarala boshlandi;

➢ Erkaklarning oʻz mulkini bolalariga qoldirishga intilishi qarindoshlikni ona tomonidan hisobidan va meros qoldirishlaridan ota tomonidan hisobiga va meros qoldirishlariga oʻtishga asos boʻldi.

Sinflarning yuzaga kelish davrida dunyodagi xalqlarning koʻpchiligida roʻy bergan jinslar ahvolidagi oʻzgarishlarning va hamma joyda patrilokallikka oʻtish bilan birga boʻlgan patriarxat oʻrnatilishining asosiy negizlari shulardir. Ayol kishi turmushga chiqar ekan, begona muhitga

tushib qoladi, ayni vaqtda erning urug'lariga qo'shila olmaydi va o'z urug'lari bilan aloqani ma'lum darajada yo'qotadi. Keyinchalik ayrim jamiyatlarda ayol kishi er urug'iga rasman kira boshlagan, lekin bunda uning tengsizligi an'anasi amal qilgan. U xalq yig'inlarida, sud majlislarida va madaniy yig'ilishlarda qatnashishdan chetga chiqib qolgan yoki ularda jimgina turib qatnashgan. Ayollarga belgilangan bir qator o'ziga xos patriarxat turmush ko'rsatmalari paydo bo'ldi, ya'ni erkaklarga yo'l berish, erkaklar to'plangan joylarga bormaslik, boshqa jamoat joylarida zarurat bo'lmasa ko'rinmaslik va x.k.. Jamoat joylarida zaruratsiz ko'rinmaslik
ayollarning odamlardan uzoqlashib ketishiga olib keldi, bu esa keyinchalik musulmonlarning diniy huquqi shariat tomonidan

tasdiqlandi.

Patriarxat sinflar paydo bo'lishi davrida mutlaqo ustun, lekin har holda jinslarning o'zaro holatida universal tartib bo'ldi.

Jamiyatlarning bir qismida erkaklarning xukmronligi va ayollarning to'la huquqga ega emasligi dastlabki davlatlar paydo bo'lguniga qadar ham qaror topmagan, o'shanda ham ularda ayollarning nufuzli ahvolidan sezilarli jihatlar saqlanib qolgan. Bular asosan qo'l dehqonchiligini amalda qo'llagan davlatlar bo'lgan, bu esa mehnatning jinslar o'rtasida taqsimlanishining ahamiyatini va jinslar holatida yuz bergan o'zgarishlar uchun mulkchilik munosabatlariga ta'sirini ko'rsatadi.

Bu o'rinda biz jinslar holatining ikkita shakli

haqida gapirishimiz mumkin. Bulardan biri patriarxat tamoyillar ustun bo'lgan er haydash-dehqonchilik va chorvachilik jamiyatlarida mavjud bo'lgan. Boshqa shakli, patriarxat tamoyillar kechikkan va sinfiy jamiyatning keyingi rivoji vaqtiga kelibgina ustun bo'lgan qo'l dehqonchiligi jamiyatlarida mavjud bo'lgan. Ishlab chiqarishning o'sishi va mehnat unumdorligining yuksalishi ishlab chiqarish jarayonining individuallashiga yo'l ochib berdi, "parsellyar mehnatni xususiy o'zlashtirish manbai" qilib qo'ydi. Chunki insonning texnika bilan qurollanganligi yuqori bo'lgan sari, yirik jamoaning birgalikdagi faoliyatiga zarurat ham shunchalik kam bo'lgan.

Natijada sinflar paydo boʻlishi davrida jamoa va urugʻning kollektiv xoʻjaligi va kollektiv mulki asta-sekin xususiy xoʻjalikka va alohida oilalarning xususiy mulkiga aylanib borgan. Bu esa bunday oilalarni barqaror ijtimoiy birlikka aylanish zaruratiga olib keladi va nikohoila munosabatlarining yangi shakllarini talab etadi. Mustahkam boʻlmagan juftli (ibtidoiy egalitar) nikoh va tegishli oila shaklini odatda birnikohlik, yoki monogamiya deb ataladigan erxotinning mustahkam birlashuvi siqib chiqaradi. Bu atama unchalik oʻrniga tushmagan, chunki koʻp xotinlik, yoki poliginiyada ham shunday tartib vujudga keladi; aniqrogʻi, hozirgi adabiyotda bunday nikoh oila tashkil topishini patriarxal deb atalishi oʻrniga tushmagan.

Erkaklar hoʻjalik rolining ortib borishi kech ibtidoiy jamoa bosqichida yuzaga kelgan nikohga kirish shaklini yanada rivojlanishi va mustahkamlanishini va nikohda matrilokal yashash joyidan patrilokal yashash joyiga urishni tezlashtirdi.

Sinflar vujudga kelish davrida erkaklar uchun ayollarning qiymatini toʻla qoplab berish majburiyati yuzaga keladi. SHunday tarzda shunchaki haq toʻlanadigan nikoh emas, balki taraflar kelishuvi (etnografiya atamalariga koʻra – til biriktirishi) asosida bitiladigan nikohning hukmron turiga aylangan sotib olingan nikoh vujudga keladi. Jamoalarning bir qismi, qalinni qarindoshlik guruh doirasida saqlab qolishga, uni kamaytirishga yoki butunlay yoʻq qilishga intilib ortokuzen (kuzenlararo) nikohlarni amalga kirita boshladi. Bu nikohlarning ikki shakli ma'lum: umumtarqalgan tug'ishgan aka-ukalar, ug'il amakivachcha, xolavachcha, tog'avachcha va ammavachchalar o'g'illari va qizlari orasida va kamroq uchrayligan opa-singillar bolalari orasidagi nikohlar.

Nikohda yashab ketish joyining patrilokalligi turli kompromiss shakllari orqali joriy bo'lgan, ularning ko'pi uzoq vaqt davomida saqit shaklida saqlanib borgan. Birinchi bolani tug'ish paytida xotinni otaonasi uyiga qaytarib yuborish yoki uni erining uyida bo'lsa ham maxsus alohida ayolga bir nav eksterritoriallikni ta'minlaydigan xonada yashashi bunga misol bo'la oladi. Qarindoshlar va quda-andalar/qayin-bo'yinlar

orasidagi ba'zi qochish odatlari shu jumladandir.

Xususan, patriarxal jamoalarda xotin erining

katta qarindoshlari oldida koʻrinmaslikni taqozo etgan keng tarqalgan taqiq va hokazo. Shu yoʻl bilan goʻyo yosh er-xotin matrilokallik normalarini buzmagandek boʻlishiga erishilardi. Dastlab bu odatlar ayollar uchun kamsituvchi boʻlmagan: ular kelinkuyov oilalari orasidagi munosabatlarni yoʻlga solardi, xolos. Ammo vaqt oʻtishi bilan ular aynan shunday tus oldi. Bu gap ayniqsa asta-sekin kelinni oldi-sotdi narsaga aylantirib borgan qalinga nisbatan toʻgʻri. Bundan tashqari, sotib olingan nikoh amaliyoti boshqa patriarxal nikoh odatlari, avvalo badavlat chollarning yosh qizlarga uylanishi, koʻp xotinlik va bu pallada koʻpincha qalinni qaytarib bermaslik maqsadida ishga solingan leviratning jonlanishiga olib bordi. Erkak kishi mulkini jiyanlariga emas, oʻz bolalariga qoldirishga intilgan. Buning uchun esa qarindoshlikning va merosxoʻrlik tartibining onadan hisobini otadan hisoblashga almashtirish kerak edi. Tabiiyki, xatti-harakati va ongida hali-hamon anʼana kuchi ulkan ahamiyatga ega boʻlgan oʻsha davr kishisi uchun bunday oʻzgarish osonligicha kechmagan. Yangilikni boshqalar oldida va oʻzi uchun oqlash maqsadida va shuning bilan yangicha taomillar tantana qilishini engillashtirish uchun u, Marks aytganidek, anʼanani anʼana doirasida buzishga harakat qilgan.

Undan avval maʼlum boʻlgan travestizm va kuvada kabi odatlarning sinflar hosil boʻlishi davriga xos gurkirashi shundan. Travestizm "jinsni oʻzgartirish" amaliyoti: erkak (kamroq holladar ayol) kishi oʻz jinsidan voz kechib ayollar kiyimini kiyar edi va ayollar, hatto xotinlik, vazifalarini bajarar edi, amma shuning bilan u ayollar huquqini ham o'zlashtirar edi. Kuvada – otaning bolasi bilan qalin yaqinligini namoyish etilishi - yanada ifodaliroq. Kuvada erkak kishining o'zini to'g'ridan-to'g'ri tug'ayotgandek ko'rsatishidan bola tug'ilishiga aloqasi borligining bilvosita, masalan holsizlanishdan shikoyat qilish yoki parhez tutish kabi belgilarni namoyish etishgacha shakllarda namoyon bo'ladi. Ko'pchilik olimlar kuvadani erkaklarning otalik huquqi tan olinishi va urug'ni ota tomonidan belgilash uchun kurash deb izohlaydilar.

Jamiyatning yaxlit iqtisodiy yacheykasi

sifatidagi alohida oilaning birinchi shakli murakkab oila deb ataladigan katta oila bo'lgan. Uning yana bir nomi patriarxal oila. Bunday oilada ikkita asosiy turni farqlashadi. Bu vertikal (yoki bir chiziqli) katta oila bo'lib, odatda to'g'ri chiziq bo'yicha uylangan va uylanmagan qarindoshlarning uch-to'rt avlodidan iborat, hamda gorizontal (yoki ko'p chiziqli) katta oila, bu oila yon chiziqli uylangan va uylanmagan qarindoshlardan tashkil topadi. Katta oila monogamiyada ham, poligamiyada ham qurilgan; oilaning barcha a'zolari birga yashashgan, erga, chorvaga va ishlab chiqarishning boshqa vositalariga umumiy egalik qilishgan, birgalikda xo'jalik yuritishgan va ishlab chiqarilgan mahsulotlarni birgalikda iste'mol qilishgan, umumiy zapasdan ebichishgan va kiyinishgan.

Biroq katta oiladagi jamoachilik munosabatlari xususiy mulkchilik tamoyillari bilan buzila boshlagan. Oila boshlig'i yagona tasarruf etuvchi bo'lishga, amalda oilaviy mulkning egasi bo'lishga, o'z xukmronligini kuchaytirishga harakat qilgan. Bu esa katta oilaning alohida mustaqil oilada yashashga intilayotgan boshqa a'zolarida qarshilikni keltirib chiqargan. Tez orada ajralish va bo'linishlar yuz bergan, katta oilalar boshqa oilalarga bo'linishgan, lekin hozircha o'shanday katta, ammo oila a'zolarining soni bo'yicha kichikroq oilalarga bo'linishgan. Biroq bunday oilalarda ham ichki ziddiyatlar avj olgan, va ular yana va yana bo'linib ketgan. Katta oila tarixan yangi oila shakli bo'lgan kichik (oddiy, nuklear, elementar va x.z.) oilaga, xususiy mulkchilik boshlanishini o'zida eng ko'p darajada mujassam etgan oilaga o'rnini bo'shatib berdi. Katta oiladan nuklear oila sari harakat sinfiy jamiyat ostonasida, shunda ham hamma joyda emas, balki tovar xo'jaligining rivojlanishi xususiy mulkchilik munosabatlarini qaror topishi uchun ayniqsa qulay shart-sharoit yaratib bergan joylarda ro'y berdi.

Oilaviy turmushda erkaklar va ayollarning, kattalar va kichiklarning tengsizligi aks etgan patriarxal tartiblar o'rnatildi. Qiz bola o'zining katta yoshdagi qarindoshlariga so'zsiz bo'ysinishi kerak bo'lgan. Erga tekkan ayol o'zini sotib olgan oilaga: "kattasiga", "eng kattasiga", o'z eriga so'zsiz itoat etishi kerak bo'lgan. Ajralish amalda erkaklarning bir tomonlama imtiyozi bo'lgan, agar ayol o'z ota-onasining uyiga qaytib ketishni istasa, uning qarindoshlari qalin pulini qaytarib berishlari kerak bo'lgan; buning ustiga ayol kishiga boshqatdan erga tegishning hamma vaqt ham imkoni bo'lmagan.

Levirat odati shunday tartibni ta'minlaganki, unga ko'ra, erining vafotidan keyin ham beva ayol uning oilasiga tegishli bo'lishni davom ettirgan. Ayol kishining mulkiy va merosga doir huquqlarining kamayishi shunga olib kelganki, ko'pgina xalqlarda uning mulki deb faqat uning sepi hisoblangan.

Ayolning bolalarga bo'lgan huquqi ham cheklab qo'yilgan, ya'ni ajralish holatlarida bolalar otasi bilan qolgan yoki katta bo'lishgach otasining oldiga qaytishgan. Meros qoldirish tartibi ham patriarxal tusda bo'lgan. Bu nikoh axloqining yangi qoidalarida aks etgan. Xotinning o'z eriga hiyonati uyiga haydab yuborish, mayib qilib qo'yish, qullikka sotib yuborish, xatto o'ldirish bilan jazolangan; er esa aksincha, avvalgi jinsiy erkinligi qoldiqlaridan foydalanishni davom ettirgan. Nikoh axloqiyligi me'yorlarining o'ziga xos xususiyatlari nikohgacha bo'lgan me'yorlarga o'z ta'sirini o'tkazgan: erkaklardan farqli o'laroq, qizlardan qat'iy iffatni talab etishgan, va nikohgacha bunday iffatga rioya etmagan qizni birinchi nikoh kechasidan keyin sharmandalarcha uyiga xaydab yuborishgan, qizlarni esa uylarida hech bir yaxshilik kutmagan.

Oilaviy turmushda alohida patriarxat odob ham mavjud bo'lib, unga ko'ra, ayol erkakdan keyin taomni tanovvul qilishi, eriga va uning katta yoshdagi qarindoshlariga va boshqalarga har xil e'tibor ko'rsatib turishi kerak bo'lgan. Kichik yoshdagi erkaklarning ahvoli ayollarning ahvoliga o'xshab ketgan. Ular asta-sekin kattalarga, va eng avvalo oila boshlig'iga qaram bo'lib borgan. Bu esa o'ziga juft tanlashda erkinlikning yo'qligida, o'z xohishiga ko'ra mustaqil uy xo'jaligini yuritish imkoniyati bo'lmasligida aks etgan. Merosdan maxrum bo'lib qolishdan qo'rqib, o'g'illar otaga so'zsiz itoat qilishgan. Ishlarning bunday ahvoli ham patriarxal odob bilan mustahkamlangan, ya'ni bunga ko'ra, masalan, kichik yoshdagilar kattalar oldida yotishi yoki o'tirishi, qattiq ovozda gapirishi yoki kulishi, pala-partish kiyimlarda ko'rinishi yoki birinchi bo'lib gap boshlashi taqiqlangan.

An'anaviy patriarxal oilada gender rollar ierarxiyasi. Oilaviy rollarning taqsimlanishi. Oilaviy munosabatlarni tadqiq qilishda etnografiyada odatda an'anaviy va zamonaviy munosabatlar ajratib ko'rsatiladi. Birinchisiga oilaviy munosabatlar tizimida oilaning har bir a'zosi o'rni va rolining aniq ierarxiya tashkil qilishi bilan ajralib turadi.

Bunda er (uch avlodli oilada - ota) oilaviy hayotning
barcha masalalarini hal qilishda imtiyozli huquqqa va e'tirozga o'rin qoldirmaydigan obro'ga ega bo'lgan bosh, ho'jain hisoblanadi. Unga yo'l ko'rsatish va nazorat qilish vazifalari tegishli

bo'ladi. Xotinning o'rni tobe bo'lib vazifasi asosan uy-ro'zg'or ishlari, eriga, bolalarga, oilaning boshqa a'zolarga qarashdan iborat bo'ladi. Bunda moddiy xo'jalik vazifalarga katta e'tibor beriladi. Oila ichidagi munosabatlar ko'p jihatdan odat va shariat bilan, belgilangan an'anaviy normalar bilan belgilanadi.

Oila ichki hayotining demokratlashuvi, er-xotinning huquqlari va majburiyatlarini baravarlashtirish, oila a'zolarining shaxsiy xususiyatlarini, ularning mayllarini, uydan tashqaridagi ishlarga qodirliklarini va boshqa shartlarni ko'zda tutgan holda bir muncha egalitar sharoitlarda rollarni taqsimlash hozirgi zamondagi yangi tuzilmadagi oilaviy munosabatlarga xosdir. Bunday oilalarda hissiyruhiy tusdagi qadriyatlar katta ahamiyat kasb etadi. Endilikda oila a'zolarining amaldagi teng huquqliligini ayollar yordamchi va maslahatchi, bolalarning tarbiyachisi bo'lgan oddiy kichik oilalarda kuzatish mumkin.

Oilaviy munosabatlarning yangi zamonaviy tuzilmasi mavjudligini rad etmagan holda, shunday xulosa chiqarishimiz mumkinki, shaxsiy aloqalararo an'anaviy shakl o'rganib chiqilgan ko'pgina oilalarga xosdir. Mazkur bo'limda O'zbekistonning qishloq joylarida o'tkazilgan tadqiqotlar natijasida ushbu maqolaning muralliflaridan biri ega bo'lgan dala materiallaridan suhbatlashish usullari va kuzatishlar orqali foydalanilgan. Oilaviy ichki munosabatlarda, oila a'zolarining qo'ni-qo'shnilar, mahalla bilan o'zaro munosabatlarida oilaning son, ijtimoiy va yosh tarkibi katta ahamiyatga ega. Iqtisodiy, demografik va ishlab chiqarish tusidagi vazifalar ichki oilaviy munosabatlar kompleksini belgilaydi. Quyida keltiriladigan bayonlarda an'anaviy patriarxal oila, asosan qishloq joylarda, va unda mavjud bo'lgan o'zaro munosabatlar asosiy o'rinni egallaydi.

Biz o'zgaruvchan munosabatlar sifatida foydalangan ichki oilaviy munosabatlarning tuzilmaviy-tashkiliy elementlari oilaviy rollarni taqsimlash, shu jumladan oila boshlig'ini, oilaviy turmushning turli masalalarini hal etishda oila a'zolarining ishtirok etish darajasini aniqlash, uy yumushlarini taqsimlash, oila a'zolari o'rtasida munosabatlarni saqlab turishdan iborat bo'ldi. Ichki oilaviy munosabatlar qanday yo'lga qo'yiladi? Kichik yoshdagi bolalar oilada kattalarning bo'ysinuvida bo'ladilar.

Agar birinchi farzand o'g'il bo'lsa bu narsa ayniqsa kuchli namoyon bo'ladi. Katta aka qolgan barcha bolalarga qarab yuradi va ularni uydan tashqarida ham muhofaza qiladi. U vazifalarni taqsimlaydi, kichkinalarga
topshiriqlar beradi: kim uyda nima ish qilishini aytadi. Kim hovlini supiradi, mollarga qaraydi, daraxtdagi mevalarni terib oladi va x.z. Singlisining turmushga chiqish masalasida ham

katta akaning so'zi bir qadar inobatga olinadi. O'g'il bolalar va o'spirin yigitlarga odatda ko'chada ko'proq bo'lishga ruxsat beriladi, tabiiyki, ular tengdoshlari bilan tez-tez muloqotda bo'lishadi va bir-birlarini faqat aftidan tanibgina qolmay, ular xarakteridagi ijobiy va salbiy xislatlarni ham yaxshi bilib oladilar. Qiziga sovchi kelgan ota ana shu yigit haqida o'g'lining fikrini so'raydi.

Vaqt o'tishi bilan bolalar o'zi ota-ona bo'lib ota-onasi olamdan o'tganda ham bari bir kichigi kattasining oldiga maslahat olgani borib turadi. Kattalarga hurmat bolalarda ota tomonidan o'zining akasiga ko'rsatgan hurmat o'rnagida tarbiyalanadi va avloddan avlodga o'tadi.

Kichik uka o'g'lini uylantirmoqchi yoki qizini erga bermoqchi bo'lsa, katta aka to'yni o'tkazishda eng faol ishtirok etadi. U unashtirish marosimida qatnashadi: kelinning otasi kuyov tomonning oldiga qo'yadigan shartlarni aytadi va x.z. To'y kuni aka darvoza oldida turib, mehmonlarni kutib oladi.

Ichki oilaviy munosabatlarda uylangan o'g'il bilan uylanmagan o'g'il o'rtasida katta farq bo'ladi. Ota-onalar uylangan o'g'illarining
maslahatlariga quloq solishadi. Har qanday marosim ularning ishtirokida o'tadi. Keyingi o'g'ilni uylantirib to'y qilish masalasida uylangan o'g'ilga katta rol ajratiladi. U ota-onasiga tashkiliy masalalarda yordam beradi: agar ota-ona keksa

bo'lsa, to'yning butun mas'uliyati uylangan o'g'il zimmasida bo'ladi. YOsh oila ota-onasidan alohida yashasada, o'g'il ularga yordam berishni davom etadi: qishga ko'mir, mollar uchun em olib kelib berishi, otaonasining uyidagi barcha tadbirlarda qatnashadi.

Oilaviy turmushning ilk yillarida kelin qaynonasining uyiga kelganda uy-ro'zg'or ishlarida yordam beradi. Bazi oilalarda yosh oila ota-onaning uyida uzuk-kun bo'lishadi, o'z uylariga faqat uxlashga borishadi. O'rganib chiqilgan oilalarning ko'pchiligida ota-onalar o'z o'g'illari o'rtasida nizo chiqmasligi uchun ularning qozonini alohida qilib qo'yishadi. Bunday oilalarda bolalar iqtisodiy jihatdan birmuncha mustaqilroq bo'lib qolishadi. Ammo shu bilan birga ular moliyaviy imkoniyatlariga qarab iloji boricha ota-onalariga yordam berishni davom etirishadi.

Bolalarning shaxsiy hayotlariga oid masalalar ko'pincha ota-onalar tomonidan hal qilinadi. Shu bilan birga, ota-onalar qarindoshlar, mahalladoshlar bilan maslaxatlashadilar. Bolalarning o'zlari ham umr yo'ldosh tanlashni o'z ota-onalarining ixtiyoriga qo'yib berishadi. Ko'pincha agar qizga biron-bir yigit yoqib qolgan bo'lsa, u bilan yashirincha uchrashib turadi. Qiz atrofdagilarning qoralashidan qo'rqadi, chunki shundan keyin bironta ham yigit agar ota-onasi tanlagan qiz boshqa birov bilan uchrashganini bilib qolsa, unga uylanmasligi mumkin. Agar er bu haqda to'ydan keyin bilib qolsa, janjalli vaziyatlarda unga bu haqda eslatib turadi. Ko'pincha "Yigit yursa hech narsa qilmaydi, qiz yursa unga butun umrga isnod bo'lib qoladi", degan fikrlar yuradi. Agar qiz bilan yigit o'rtasida hech qanday yaqin aloqa bo'lmagan bo'lsa ham, ularni yonma-yon ko'rishning o'zi ayb hisoblanadi.

Shunday qilib, yoshlarning taqdiri ko'pincha kattalar tomonidan hal qilinadi. Ko'pincha ular to'ydan avval bir-birlarini yaxshi bilmaydilar yoki mutlaqo bilmaydilar. Ba'zida esa ular to'ygacha bir, ikki marta, shunda ham guvohlar hozirligida, kellinning opalari yoki amma-xolalari oldida uchrashishlari mumkin.

Uylanadigan yigitlarning aksariyati kelin tanlashga juda

osoyishta munosabatda bo'lishadi. Yigitlarning izohlashicha, kelin ko'proq qaynona bilan muloqotda bo'ladi, agar ular bir-birlariga yoqishsa, oilada tinchlik xukm suradi. Bolalarning ma'lumot olishi masalasi ham yigitlar foydasiga hal etiladi. Hozirgi paytda iqtisodiy muammolar tufayli ma'lumotni ko'proq o'g'il bolalarga berishga harakat qilishadi. Oila a'zolari o'rtasida uy yumushlarini taqsimlash oiladagi munosabatlarni belgilab beruvchi ichki oilaviy munosabatlar tuzilmasining yana bir elementlaridan biridir. Ko'pchilik hollarda uy ishlarini taqsimlashning an'anaviy me'yorlari saqlanib qoladi. SHuni qayd etish kerakki, uy yumushlari "erkaklarga xos" va "ayollarga xos" ishlarga bo'linadi. "Erkaklarga xos" ishlarga o'tin yorish, tomorqa erini chopish, bozorga borib kelish, qishga mollar uchun ozuqa tayoyrlash va boshqalar kiradi. Bunday ishlarni ota yoki katta aka oiladagi erkaklar o'rtasida taqsimlab beradi. "Ayollarga xos" ishlarga suv tashish, uylarni yig'ishtirish, ovqat pishirish, kir yuvish, non yopish, ko'p sonli mexmonlarni kutib olish, va boshqalar kiradi. Kuzatishlar shuni ko'rsatadiki, ko'pchilik oilalarda ayollar nafaqat o'zlarining ishlarini, shu bilan birga erkaklarning ishlarini ham bajarishlariga to'g'ri keladi. SHuni qayd etish zarurki, "ayollarga xos" ishlar o'zbeklar turmushining o'ziga xosliklari bilan murakkablashib ketadi. Uyni yig'ishtirishga ham anchagina jismoniy kuch ketadi. Masalan, yotoqxonalarni yig'ish uchun, qishloq ayoli og'irdan-og'ir ko'rpachalarni yig'ishiga to'g'ri keladi. Maishiy sharoitlar yo'qligi sababli ovqat pishirish, non yopish va oilaning barcha a'zolarining kir-chirlarini yuvish oson ish emas.

Bunday chegaralash uzoq tarixiy o'tmishga borib taqaladi va hozirgi kungacha ham o'z xususiyatlarini yo'qotmagan. N.P. Lobacheva o'z kuzatuvlarida shuni aniqladiki, O'rta Osiyo xalqlarining an'anaviy turmushida jamiyatning genetik jihatdan juda qadimiy jinsiy-yosh gradatsiyasi izlari saqlanib qolgan, bu esa chegaralash nafaqat jinsga nisbatan, yoshga nisbatan ham ro'y berishini anglatadi.

Uy yumushlariga haddan ziyod o'ralashib qolganliklari sababli barcha ijtimoiy, yosh va ta'lim guruhlaridagi ayollarning jamoat faolligi erkaklarnikiga qaraganda bir muncha past.

O'g'il bolalar xotinlar bajaradigan ishlarda qatnashishlari qo'llab quvvatlanmaydi. Mahalla ahliga o'rnashib qolgan fikrga ko'ra, xotinqizlar bajaradigan uy ishlari erkaklar uchun obro' keltirmaydi, atrofdagilarning ko'z o'ngida uning qadr-qimmatini pasaytiradi. Bunday fikr o'g'il bolalarning ongida ildiz otib, ular kelgusidagi hayotlarida ham shunga amal qiladilar.

Qiz bolalarga yoshligidanoq erining uyida qilishi kerak bo'lgan ishlarni o'rgatishadi. Umumiy qabul qilingan tasavvurdagi "yaxshi" kelin erta tongdayoq, yoz kunlari soat 6da turadi, hovliga suv sepadi, supuradi, nonushta tayyorlaydi, keyin oilaning boshqa a'zolarini uyg'otadi. Hamma dasturxon atrofiga yig'ilganda u choy quyib beradi, dasturxonda hamma narsa bor bo'lishiga qarab turadi. Bazi bir viloyatlarda, dastlabki qirq kun mobaynida kelin qayinsingillari bilan alohida ovqatlanadi. Ba'zida bu muddat cho'zilib ham ketadi. Kelinning qaynotasining oldida ovqat eyishi uyat deb hisoblanadi. Ehtimol bunda ham bir oqillik bordir: milliy odatlar asosida tarbiya ko'rgan qiz begona erkakdan, ya'ni qaynotasidan uyalishi mumkin. Kelin nafaqat kechki ovqatni, agar oila a'zolaridan biri tushlik paytida uyga kelib qolsa, ular uchun tushlik taomni ham tayyorlaydi. Ammo hozirgi paytda koʻpgina oziq-ovqat mahsulotlari qimmatlashib ketganligi bois ovqat asosan bir marta pishirilmoqda. Yaxshi kelin kun boʻyi uy ishlarini bajaradi: yigʻishtiradi, kir yuvadi, ovqat pishiradi va mol-xollarga qaraydi. Xaftasiga 2-3 marta tandirda non yopadigan boʻlsa, bu uning yana bir fazilati hisoblanadi. Kelin taom tayyorlashdan oldin qaynonasidan va eridan ular nima ovqat eyishni xohlayotganliklarini soʻraydi. Shunday oilalar ham borki, ovqat tayyorlash uchun mahsulotlarni qaynona ajratib beradi. Kechki ovqatdan keyin, kelin dasturxonni yigʻib oladi, idishlarni yuvadi, uxlash uchun joylarni soladi va x.z. U uxlashga hammadan keyin kirib ketadi. Bu uyga mehmon kelganda ayniqsa seziladi, chunki mehmonlar qachongacha o'tirsa ham kelin ularga xizmat qiladi: choy damlab turadi, dasturxonga eguliklarni qaynonasining aytgani bilan olib kelib qo'yyadi. Boshqalarning ijobiy fikri kelin uchun juda muhim ahamiyatga ega, shuning uchun kelinlar o'zlarining yaxshi xislatlarini ko'rsatishga harakat qilishadi, ammo ko'pincha buning uchun ularning vaqti ham, sog'lig'i ham etishmaydi.

Mahallalarda keksa ayollar bir-birlarinikiga chiqib turishni xush ko'rishadi. Ular to'da-to'da bo'lib yig'iladigan xonadonlarda kelin ularni yaxshi kutib olishi kerak, aks holda ana shu ayollarning kelin haqidagi fikrlari salbiy bo'lib qolishi va ular buni hammaga gap qilib tarqatishlari mumkin.

Yuqorida aytib o'tilganidek, ko'pincha o'zbek oilalari bo'linmaydi, ya'ni bir xovlida bir nechta uylangan aka-ukalar yashashadi. Bunda uy ishlarini kelinlar uchun qaynona taqsimlab beradi. Odatda katta kelin kichigiga qaraganda qaynonaga yaqin bo'ladi, oiladagi tartiblarni yaxshi biladi. U bilan ko'proq maslahatlashishadi. Kam xollarda bo'lsa xam, lekin baribir katta kelin qolgan kelinlar o'rtasida ishlarni taqsimlab berish xollari uchrab turadi. Bu o'rinda ham oilaning ichki ierarxiyasi, ya'ni kichiklarning kattalarga bo'ysinishi namoyon bo'layotganini ko'rish mumkin.

Kuzatuv o'tkazilgan oilalarda qaynona bilan kelinning o'zaro munosabatlari to'g'risida gapirganda shuni qayd etish kerakki, ishlaydigan yosh ayollar ishlab topgan barcha pullarini o'z erlarining onasiga berishadi, onalar esa uyga, nabiralarga, bolalarga va kelinlarga nimalar sotib olish kerakligini hal qilishadi. Bu o'rinda ham ijobiy jihat bordek tuyuladi, ya'ni oilaning umumiy pullari tejab-tergab va to'g'ri taqsimlanadi. Ba'zida kelinning ishlab topgan puli oilaviy byudjetga ancha foyda keltiradi, biroq bu narsa uning ijtimoiy maqomini va to'belik xolatini o'zgartirmaydi.

Ota tomondan bo'lgan buvi pulning to'rtdan bir qismini nabirasining sunnat to'yiga yig'ib qo'yadi.

Nabiralar qancha ko'p bo'lsa, pul imkoni boricha ko'proq yig'iladi. Agar kelin ishlamasa, lekin do'ppi, chorsi va milliy ko'ylaklar, nimchalar, choponlar tikishni bilsa, ularni sotishdan tushgan pulni ham qaynona tasarruf etadi.

Mavjud me'yorlarga ko'ra, kelin qaynonasi va erining ruxsati bilan o'z ota-onasinikiga, qarindoshlarinikiga borishi mumkin. Buning asosida erning ota-onasini va barcha o'zidan kattalarni hurmat qilish talabi va to'belik yotadi.

Albatta, ichki oilaviy o'zaro munosabatlar ma'lumotlilik
darajasiga, ijtimoiy kelib chiqishiga bog'liq. Ko'rsatib o'tilgan parametrlar qanchalik yuqori bo'lsa, ichki oilaviy munosabatlarni

demokratlashtirish foydasiga jihatlar shunchalik ko'p bo'ladi.

Tarbiyaning gender tamoyillari oiladagi o'zaro munosabatlarning

patriarxal tamoyillari avloddan avlodga o'tib doimiy ravishda yangilanib borishining muhim sababidir.

Bola jinsiga qarab tarbiyalanib boradi. O'g'il va qiz bolalar tarbiyasi shunisi bilan farq qiladiki, bolalarga har xil rollar, qadriyatlar, axloqlar singdirilib

boriladi. Qizlarni bo'lajak ona bulish, erini va uning oilasini xurmat qilish, bolalariga va oilasiga xayotini bag'ishlash rollariga

tayerlaydilar. Qizlarning xulqi o'g'il bolalarga qaraganda ko'proq darajada cheklab qo'yiladi. Ayollarning hulq-atvori to'g'risidagi bilimlarni qizlar odatda onalaridan oladilar.

Oilaning har qanday a'zosi mavjud qoidalarni o'zgartirishga harakat qilsa, bu narsa tushunmovchiliklarga va noxushliklarga, eng yomoni oilaning boshqa a'zolari tomonidan nizolarga olib kelishi mumkin.

Ta'lim sohasida gender jihatlar

O'zbekistonda ta'lim sohasida gender segregatsiya. Biz ta'limning genderning tarkibiy qismi bo'lgan jarayon va ijtimoiy institutlar tizimi sifatidagi "ko'rinmas" xususiyatini ko'rib chiqishni niyat qilganmiz. SHu munosabat bilan bizlarni nafaqat ta'lim jarayoni va uning institutlari, balki biz genderga xos deb belgilayotgan muammolar yaqqol ko'zga tashlanadigan ta'limdagi hodisalar ham qiziqtiradi. Bunday yondashuvda biz avvalambor duch keladigan hodisalardan biri

– bu ta'lim sohasida erkaklar va ayollar teng taqsimlanmaganligida namoyon bo'luvchi shu sohadagi gender tengsizlikdir. Bunday taqsimlash gender segregatsiya deyiladi.

Ta'limdagi tengsizlikni ifodalovchi nazariyalar. Umumta'limning keng tarqalishi demokratiya g'oyalari bilan bog'liq bo'lib, har bir inson uchun nafaqat bilim olish, balki shaxsiy salohiyatini namoyon etish uchun imkon. Taxmin qilinishicha, yoshlar uchun bilim olish imkoniyatidagi tenglikni ta'minlash ularning farovon hayot darajasi va ijtimoiy mavqeidagi ijtimoiy tengsizlik ko'lamini biroz kamaytiradi. Shuning uchun ta'lim kelib chiqishi, moddiy ta'minoti, millati, fuqaroligi, diniy e'tiqodi yoki jinsidan qat'i nazar, barcha insonlar uchun tenglikni ta'minlovchi vosita sifatida ko'rib chiqilishi mumkin.

Haqiqatan ham ta'lim tenglikka erishishga ko'maklashadimi? Bu savolga javobni ko'plab tadqiqotchilar izlagan, ammo har doim ham unga bir xil javob olmaganlar. Bundan tashqari, mazkur masalani o'rganishga bag'ishlangan aksariyat tadqiqotlar shuni yaqqol ko'rsatdiki, "ta'lim ko'p jihatdan mavjud tengsizlikni bartaraf etishga ko'maklashish o'rniga uni aks ettirish va tasdiqlashga moyil".

Amerika ta'lim tizimida tengsizlik borasidagi mumtoz tadqiqotlar natijalari (D.Koulman rahbarligidagi sotsiologik tadqiqotlar, 1964) o'quvchilarning ijtimoiy kelib chiqishi o'quv jarayoniga samarali ta'sir ko'rsatishini aniqlash imkonini berdi: o'quvchilar ota-onalarining ijtimoiy kelib chiqishi qanchalik yuqori bo'lsa, shunchalik ular o'qishda katta muvaffaqiyatlarga erishgan.

O'sha vaqtdagi Amerika ta'lim tizimida ijtimoiy tengsizlik shu tarzda aniqlangan edi. Keyingi tadqiqotlar ayrim hollarda Koulmenning xulosalarini tasdiqlagan, gohida esa buni rad etgan, lekin ijtimoiy farqliklarni umumta'lim tizimi orqali teng darajaga olib kelish holati shubha ostiga qo'yilgan edi. Ta'lim tizimi orqali tengsizlikni qayta ishlab chiqishdek bunday fenomenni tushuntirish maqsadida ushbu holatni turlicha ifodalovchi bir qator nazariy konsepsiyalar taklif etildi.

Ijtimoiy tengsizlikni ifodalovchi maktab ta'limi

nazariyasi. Zamonaviy ta'lim uning tengsizlik fenomeni bilan bog'liqligi tabiatini izohlovchi nazariyalarga quyidagilar kiradi: til kodi nazariyasi (B.Bernstayn), maktab va sanoat kapitalizmi nazariyasi (S.Boulva va G.Gintis) hamda yashirin dastur nazariyasi (I.Illich). Bernstaynning fikricha, ijtimoiy kelib chiqishi turlicha bo'lgan bolalarda ta'lim olishning muvaffaqiyatli bo'lishiga ta'sir ko'rsatuvchi turli til kodlari rivojlanadi (ya'ni verbal muloqot shakllari). Quyi ijtimoiy qatlamlardagi bolalar nutqi amaliy tusga ega (Bernstaynning aytishicha, «chegaralangan til kodiga» ega), shuning uchun ularga o'rta ijtimoiy qatlamga mansub nutqi boy («rivojlangan til kodiga») bolalarga nisbatan ta'lim olish murakkabroq kechadi, natijada ular abstrakt darajada bilimlarni egallashda kamroq qiyinchiliklarga duch keladi. Bunday yondashuv muallifining ta'kidlashicha, rivojlangan nutq kodiga ega bolalar maktab dasturidagi fanlarni qabul qilishga tayyorroq bo'ladilar, shuning uchun maktab muhitiga osonroq ko'nikadilar. SHundan kelib chiqib, nima uchun turli ijtimoiy qatlamlarga mansub bolalarning maktabda tahsil olishi bab-barobar muvaffaqiyatli emas, degan xulosalar qilingan.

Amerikaning maktab ta'limi tizimini tahlil qilishga asoslangan maktab va sanoat kapitalizmi nazariyasi (S.Boulz va G.Gintis) zamonaviy ta'limni sanoat kapitalizmining iqtisodiy ehtiyojlariga javob beruvchi institut sifatida tushunish kerakligidan kelib chiqadi. Maktab o'quvchilarning ko'p bo'lmagan qismini muvaffaqiyatga erishishga yo'naltiradi. Ularga zid o'laroq, kam haq to'lanadigan ijrochilik ishida ishlash ehtimoli ko'proq bo'lgan o'quvchilar hokimiyatga bo'ysinish ruhida tarbiyalanadilar. SHunday qilib, mualliflarning ta'kidlashlaricha,

maktab iqtisodiy tenglikka erishishga xizmat qilmaydi, balki aksincha, tengsizlikning mustahkamlanishiga ko'maklashadi.

Ta'limni tengsizlik fenomeni bilan bog'lovchi uchinchi nazariya bu Ivan Illichning "yashirin dastur" nazariyasidir. Ushbu nazariya muallifi hozirgi mavjud shakldagi ta'limni shubha ostiga qo'yadi. Oldingi mualliflar kabi u jamiyatning iqtisodiy tizimi o'rtaga tashlaydigan intizom va subordinatsiyani talab qilish kabi ta'lim elementlari haqida gapiradi. Entoni Giddens shunday deb ta'kidlaydiki, Illichning fikricha, "maktab to'rtta asosiy vazifani hal qilish uchun rivojlangan: bolalarga vasiylik qilish, ularni jamiyatda egallaydigan rollarga taqsimlash, ularda asosiy qadriyatlarni shakllantirish va ularga ijtimoiy foydali bilimlar, ko'nikmalarni va mahoratni berish".

Illich nazariyasi doirasida qiziqarli va muhim yangilik kashf etildi: u birinchilar qatorida maktablarda "yashirin o'quv dasturi" mavjudligi haqida gapirdi, va bu fenomenni quyidagicha izohladi. Illichning ta'kidlashicha, maktablarda bolalar o'rtasida *passiv iste'molchi,* ya'ni mavjud ijtimoiy tartib-qoidalarga notanqidiy munosabat rivojlantiriladi, bunday munosabat maktabdagi tartibintizom qoidalari va o'quvchilarga nisbatan ko'riladigan qat'iy tashkiliy shakllar natijasida yuzaga keladi. Bunday darslar anglanmagan holda o'tiladi, ular maktab tashkiloti va kun tartibida yaqqol ko'zga tashlanmaydi. Yashirin dastur bolalarni "o'z o'rnini bilib, ortiqcha o'zini ko'rsatmaslik" roliga o'rgatadi. SHu munosabat bilan Illich mavjud ta'lim tizimiga qarshi chiqadi. Uning fikricha, ta'lim tizimi aslida majburiy bo'lishi va qandaydir bir muqarrar hodisa, deb qabul qilinishi kerak emas. U quyidagi savolni ko'taradi: agar maktablar shaxsning ijodiy salohiyatini to'la namoyon etishi uchun sharoit yaratib bermasa, ular nimaga kerak? Bu o'rinda u ta'lim tizimidan butunlay voz kechishga da'vat etmaydi, lekin ta'lim avvalambor, barcha xohlovchilar uchun mavjud manbalardan foydalanishni ta'minlashi kerak deb, hisoblaydi.

Taqdim etilgan nazariyalarda ta'lim tizimi va ijtimoiy tengsizlik fenomeni o'rtasidagi bog'liqlikni tushuntirishga harakat qilingan va ular boshqa ijtimoiy institutlar qatori maktablar ham madaniy qayta vujudga kelishning vositasi ekanligi haqida xulosaga kelishga imkon bergan. O'zlarining "yashirin dasturini" ro'yobga chiqarib, ular jamiyat tomonidan ma'qullab kelingan qoidalar, qadriyatlar, odobahloq namunalari va modelini tahsil olayotganlarga singdirishga yordam berganlar. SHuning uchun agar jamiyatda ijtimoiy tengsizlik mavjud bo'lsa, unda u albatta maktab ta'limi tizimida ham o'z aksini topadi.

Pedagogikadagi an'anaviy, tanqidiy, feministik va gender yondashuvlar. Ta'lim ijtimoiylashtiruv instituti va bilimga ega bo'lish jarayoni sifatida o'sib kelayotgan avlod ta'lim va tarbiyasining turli paradigmalariga ega pedagogik fan bilan chambarchas bog'liqdir. Gender nazariyasining rivojlanishi pedagogika fanida ham yangi yondashuvlar paydo bo'lishiga ta'sirini ko'rsatdi. Pedagogikaning rivojlanish jarayonida bu borada ta'lim olishning turli yondashuvlarga tegishli bo'lgan bir necha bosqichlarni belgilash mumkin: an'anaviy, tanqidiy, feministik va gender.

An'anaviy yondashuv o'tgan asrning 60-chi yillarigacha pedagogikada ustun yo'nalish hisoblangan va hozirgi kungacha ham o'z ta'sirini yo'qotmagan. Mazkur yondashuv doirasida o'quvchi ta'sir ko'rsatish ob'ekti sifatida ko'rib chiqiladi. Pedagogikaning asosiy maqsadlariga, ya'ni jamiyatga foydasi tegadigan shaxsning bilimini shakllantirish va uni tarbiyalashga erishish dastlabki vazifalardan biri edi. Mazkur yo'nalishdagi pedagogikada *ta'limning an'anaviy uslublari* va qaror topgan *an'anaviy "ustoz-shogird" munosabatlari*

qo'llanilgan, ularga ko'ra o'qituvchi "asosiy o'rin" egallab, o'quvchi esa unga berilayotgan bilimlarning iste'molchisi bo'lgan. Bu borada ta'lim jarayoni pedagogik boshqaruv, o'quvchi shaxsining "tashqaridan" uning faolligi va individualligi hisobga olinmagan holda shakllantirilishi nuqtai nazaridan ko'rib chiqilgan. Pirovard natijada an'anaviy pedagogikada o'quvchi itoatkor refleksiyasiz (mulohazasiz) bajaruvchi hisoblanadi. Pedagogikadagi an'anaviy yondashuv maktab shaxsga jamiyatda o'z aqliy va boshqa imkoniyatlariga mos ravishda oqilona taqsimlashga yordam berishi va bu bilan insonning ijtimoiy muhitga ko'nikishiga
ko'maklashishi haqidagi g'oyaga asoslanadi.

SHunday qilib, "maktabning vazifasi gumanitar sohada qobiliyati bo'lgan bolalar gumanitar sinflarda o'qishi, texnika sohadagilari esa – texnikaga ixtisoslashgan sinflarda o'qishi uchun ularni "saralash" zarurligiga, ta'lim olishga qobiliyati bo'lgan bolalar o'qishni davom ettirishi, qobiliyati bo'lmaganlari esa – umuman o'qimasligini belgilash"dan iborat. Buning uchun bolalarni qobiliyatlariga qarab taqsimlash, rag'batlantirish va jazolash tizimidan, baholashning musobaqa tizimidan foydalanish qo'llaniladi.

An'anaviy pedagogikaga zid ravishda 1960 yillarning oxirida G'arb pedagogikasida yangi yo'nalish – **tanqidiy pedagogika** yoki **ta'limning**

tanqidiy nazariyasi paydo bo'ldi, unga ko'ra an'anaviy pedagogikaning omilkorona tamoyillari qat'iy tanqid ostiga olinadi va qayta ko'rib chiqilishi talab etiladi. Mazkur yo'nalishning etakchilari qatorida AQSH akademik pedagogikasi vakillari (Anri Jiro va Piter Maklaren), fransuz tanqidiy pedagogikasi vakili (Per Bordo) va boshqalar bor. Ushbu yo'nalishning nazariy manbalari sifatida L.Altyusser,

A.Gramshi, P.Burde, B.Bernstaynning asarlari hisoblanadi. O'sha 1960-chi yillarda taniqli rossiyalik olimlar – L.V.Zankov, D.B.Elkonin,

G.P.SHchedrovitskiy, V.V.Davidov va boshqalar ham pedagogikada nuqtai nazarlarni o'zgartirishgan.

Tanqidiy pedagoglar zamonaviy

maktablarni turli belgilariga: jinsi, etnik mansubligi, moddiy va ijtimoiy mavqei va boshqa jihatlariga qarab bolalar saralanadigan va seleksiya qilinadigan "fabrikalar"ga qiyoslaydilar. Ularning fikricha, maktablar shu tariqa jamiyatning madaniy va ijtimoiy manfaatlariga xizmat qiladi, va uning qadriyatlarini qaytaradi. Maktabning vazifasi, tanqidiy pedagoglarning fikricha, jamiyatning manfaatlariga muvofiq ta'lim tizimini unifikatsiyalashdan va bolalarni "me'yorlashtirishdan" iborat bo'lmasligi kerak, aksincha ularga tahliliy qobiliyatlarini va o'zlarining "men"ini rivojlantirish uchun imkoniyat berishdan iborat bo'lishi kerak. Universallashtirish emas, xilmaxillikni qo'llabquvvatlash kerak. "Bunday maktablardan dunyoni o'zgaruvchan deb ko'radigan fuqarolar chiqishi lozim" va ayni "maktablar ijtimoiy transformatsiya va emansipatsiya manbai bo'lishi kerak. Bunda ana shunday emansipatsiya uchun bolalarga imkon beradigan va ularning imkoniyatlarini ro'yobga chiqarishga ko'maklasha oladigan va shunday qilishi lozim bo'lgan muallimga katta rol ajratiladi.

"Tanqidiy pedagoglar" "yashirin o'quv dasturi" yoki "yashirin reja" (Hidden curriculum) tushunchasidan foydalandilar. "YAshirin dastur deganda, o'quvchilarga u yoki bu tamoyillarni to'g'ridan-to'g'ri singdirish emas, balki ta'limning alohida tuzilmasi va uslubi, vazifalar va misollarni tanlash tushuniladi", va ular o'quvchilarga sezilarli bo'lmagan darajada ta'sir ko'rsatadi. Demak, ta'limning mazmunini tahlil qilar ekanlar, tanqidiy pedagoglar shunday xulosaga keldilarki, o'quv dasturlari va darsliklar nafaqat "ob'ektiv bilimlarni", balki istalgan kelajakni tasavvur qilishga muvofiq muayyan ijtimoiy afzalliklarni ham o'z ichiga olgan. O'quvchilar nimani va qanday usullar bilan o'rganishda tanlash imkoniyatiga ega emaslar, bilimlar esa ularga "mahfiylashtirilgan ma'lumot" sifatida taqdim etiladi, ularda esa ijtimoiy xulq-atvorning ma'lum qonun-qoidalari implitsit ravishda mavjuddir.

Maktab ta'limida tengsizlikni qaytadan yaratish muammosini artikullashtirib, tanqidiy pedagogika ijtimoiy tengsizlikni bartaraf etish vositasi sifatida an'anaviy pedagogikada qoʻllaniladigan oʻqitish va tarbiya usullarini tubdan oʻzgartirishni taklif etadilar. Ularning fikricha, maktablar baholashning musobaqa va taqqoslash tizimidan va standart testlardan voz kechishi, oʻqituvchilar va oʻquvchilarga katta avtonomiya berishi kerak. Tanqidiy pedagoglar emansipatsiyaga olib boradigan yoki yoʻnaltiradigan bilimni ta'limda muhim deb hisoblaydilar, bunday bilim oʻz ijtimoiy pozitsiyasini ishlab chiqishga imkon beradi va "fuqarolik dadilligini saqlashga" imkoniyat yaratadi. YUqorida qayd etilgan maktab ta'limi nazariyalarida va pedagogikadagi yondashuvlarda ta'limdagi tengsizlik muammosi o'quvchilarning sinfiy yoki irqiy kelib chiqishi nuqtai nazaridan ko'rib chiqilgan. Keyinchalik tanqidiy pedagogikada yangi yo'nalish – **feministik pedagogika** yuzaga keldi, uning vakilalari ta'lim tizimida mavjud bo'lgan gender tengsizligini asosiy muammo sifatida o'rtaga qo'yishgan.

Shunday qilib, feminist pedagoglarning diqqate'tiborida gender munosabatlari paydo bo'ldi. Feministik pedagogika tarafdorlari g'arb mamlakatlaridagi ta'lim tizimini tahlil qilib, shunday xulosaga kelishdi: maktab ta'limi an'anaviy gender rollar va eskicha yondashuvlarni mustahkamlashga va qayta tiklashga ko'maklashadi. M.Makdonald yozishicha, maktabda bolaning xulq-atvori uning jinsiga nisbatan talab etiladigan undan kutiladigan me'yorlarga qarab baholanadi: qiz bolalarning xulqi umumiy qabul qilingan feminin modelga, o'g'il bolalarning esa – maskulin modelga mos kelishi kerak. Maktab tizimi jinsiy rolli xulq-atvor modellarini (gender rollarini) singdirishga o'z "hissasini" qo'shadi, unga ko'ra o'g'il bolalarni bo'lajak kasbiy faoliyatga tayyorlash, qiz bolalarni esa – oilaviy vazifalarni bajarishga yo'naltirish zarur. Maktab ta'limidan boshlaboq o'g'il bolalarga "erkaklarga" xos mashg'ulotlar, qiz bolalarga esa – "ayollarga" xos vazifalar belgilanadi. Ayniqsa, bu maktabdagi mehnat darslarida va kasbga yo'naltirishda yaqqol o'z ifodasini topadi, ularda aslida an'anaviy jinsiy rollarni qat'iy mustahkamlash yuzaga keladi: qizlar ayollar kasbi va majg'ulotlariga (uy bekaligi, kotiba, tikuvchi va x.z.), o'g'il bolalar esa – erkaklar kasbiga (duradgor, payvandchi, xaydovchi, aloqachi va x.z.) yo'naltiriladi.

Bundan tashqari, feministik pedagogika vakillari tomonidan ta'lim tizimi qiz bolalarga qaraganda, ko'proq o'g'il bolalarga yo'naltirilganligi to'g'risidagi fakt aniqlandi, buning asosida maktab ta'limida qiz bolalarni kamsitish to'g'risida xulosa yuzaga keldi. Feminist ayollarning fikricha, maktab tizimining tuzilmasi o'g'il bolalar uchun qulay va odatiy tusga ega, va qiz bolalarga unda kamroq e'tibor beriladi. Ularning fikricha, aynan o'g'il bolalarni o'qituvchilar ko'pincha faollik va izlanuvchanlikka rag'batlantiradilar. Maktabda mavjud bo'lgan "erkaklar" fanlariga (texnikaviy va aniq fanlar) va "ayollar" fanlariga (gumanitar fanlar) nooshkora bo'lish shuni ko'rsatadiki, o'g'il bolalarni murakkab fanlar bilan shug'ullanishga rag'batlantiradilar, demak, ularning qobiliyatlari yuqoriroq

baholanadi. Ta'limda murakkab fanlar ustun bo'lgani tufayli, feminist pedagoglarning fikricha, mavjud ta'lim tizimi o'g'il bolalarga nisbatan ijobiy munosabatda, qiz bolalarga nisbatan esa – "dushmanlik" ko'zi bilan qaraydi.

Feministik pedagogika vakillarining bunday xulosalari amerika ta'limida uzoq vaqt mobaynida o'g'il bolalar afzalroq jinsga mansubligi va maktab qiz bolalarni kamsitishi haqidagi fikr hukm surgan. Bu nuqtai-nazarni targ'ibot qilish "o'g'il bolalarni imtiyozlardan mahrum qilish va qiz bolalarga etkazilgan zararni qoplashga" qaratilgan choralarni maktablarda faol joriy qila boshlashga olib keldi. 1990 yillarda ta'lim tizimining qurboni bo'lib, esankirab, sarosimaga tushib qolgan bechora qizchaning obrazi va unga jamiyatning munosabatini aks ettiruvchi qator nashrlar chop etildi (Mira va Devid Sadkerlar "Ro'yobga chiqmagan adolat", P.Orenstayn "O'quvchi qizlar: yosh ayollar, o'z qadr-qimmati va o'ziga ishonmaslik", M.Pifer "Ofeliyani tiriltirish" va boshqalar).

Lekin feministik pedagogika borasida yuzaga kelgan xulosalar juda ko'p tanqidiy fikr-mulohazalarga sabab bo'ldi. Kristina Hoff Sommersning yozishicha, bu borada olib borilayotgan tadqiqotlarda "ko'plab xatolar mavjud bo'lib, ularni deyarli birontasi ham nufuzli ilmiy jurnallarda chop etilmagan". Bundan tashqari, o'zining "O'g'il bolalarga qarshi urush" maqolasida u Amerikaning ta'lim tizimida zamonaviy o'g'il bolalarning "nochor" ahvoli to'g'risida guvoh beruvchi dalillarni keltiradi. Anna shu dalillarga ko'ra, o'rtacha saviyadagi o'g'il bola o'rtacha saviyadagi qiz boladan o'qish va yozishda bir yarim yilga orqada qoladi; qiz bolalar uy vazifasini bajarishda mas'uliyatliroq bo'lib, yuqori baholar oladilar; o'g'il va qiz bolalarning maktabda fanlarni o'zlashtirishidagi farqning oshishi kollej talabalari gender nisbatining o'zgarishiga olib keladi, va hozirgi vaqtda ularda ayollar sonining oshish tendensiyasi kuzatilmoqda.

Sommers, shuningdek, qizlar maktabning ijtimoiy hayotida va undan tashqarida faolroq ishtirok etadi, ularning qiziqishi, dunyoqarashi o'g'il bolalarga nisbatan boy. Bu borada o'g'il bolalarni odatda o'qishdan chetlashtirishadi yoki xaydashadi, va ko'pincha ularning ko'pchiligi jinoyat yo'liga kirib ketadi, giyohvandlikka yoki ichkilikbozlikka ruju qo'yadi.

Bunday ma'lumotlar rossiyalik mualliflar tomonidan olib borilgan ayrim natijalar bilan taqqoslangan. Masalan, G.Breslav va B.Xasanning ma'lumotlariga ko'ra, o'spirinlik davrida o'g'il bolalar qiz bolalardan rivojlanishda (jismoniy va aqliy) orqada qoladi, bu esa qizlarga IV – V sinflarda etakchi bo'lishga, o'qishda ham, jamoatchilik ishida ham birinchilar qatorida yurishga imkon beradi. Haqiqatan ham, tajriba shuni ko'rsatadiki, a'lochi va faol qizlarning soni o'g'il bolalarga qaraganda ko'proq. Buni shunday izohlash mumkinki, jamoatchilik faoliyati aloqalarni o'rnatish, muayyan vazifalarni itoatkorlik bilan bajarishni talab etadi, bu esa ko'proq qizlarning xarakteriga xosdir. Shunday qilib, maktab o'quvchilarga feministik xulq-atvor me'yorlarini rag'batlantiruvchi talablarni qo'yadi, ular esa ma'lum bir vaqtda o'g'il bolalar uchun nome'yoriy qoida bo'lib qoladi. O'g'il bolalar buni qabul qilar ekanlar, tengdoshlari orasida obro'sini yo'qotmaslikka harakat qilib, ularni erkaklarga xos bo'lmagan xulq-atvorda ayblashlaridan cho'chib turadilar. Lekin agar o'g'il bolalar bu talablarni oshkora rad etsalar, unda ularning xulqi me'yordan chiqib ketgan bo'lib hisoblanib, ularga nisbatan maktab ma'muriyati tomonidan choralar ko'rilishi mumkin. G.Breslav va B.Xasan ta'kidlaganidek, o'g'il bolalarning maktabdan ketishiga o'qituvchilar qiz bolalarga qaraganda osonroq qaraydilar, shuning uchun yuqori sinflarda aksariyat holatlarda qizlar ko'proq bo'ladi.

V.V.Solodnikovning maktabgacha ta'lim muassasalarining pedagoglari tassavvuridagi barkamol farzand siymosini o'rganish bo'yicha tadqiqoti bu faktning mavjudligini isbotlaydi. Masalan, so'rov qilingan ko'plab bog'cha tarbiyachilari qiz bolalarni afzalroq ko'rib, o'g'il bolalarni esa, aksincha, uncha yoqtirmasliklarini bildirgan. Bu borada rad etilayotgan bolada urushqoqlik, qat'iyatlik, bellashishga intilish kabi xususiyatlar, ya'ni maskulin tipga tegishli fazilatlar mavjud. Muallifning xulosasiga ko'ra, bunday natijalarda "ayolpedagoglar o'z jinsiga mansub bolalarga ko'rsatgan iltifoti (balki har doim ham anglanmagan) yaqqol ko'zga tashlanar edi".

SHunday qilib, taqdim etilgan tadqiqotlarning natijalari ko'rsatganidek, maktabgacha ta'lim va maktab ta'limida o'g'il bolalar har doim ham eng nufuzli insonlar bo'lib qolmaydilar, ko'pincha aksincha bo'ladilar. Ko'p holatlarda ayollarga yo'naltirilgan ta'lim tizimida o'g'il bolalar autsayderlar bo'lib qolganlari uchun "ayollar olamidan" umuman farq qiluvchi o'zlarining «erkaklar dunyosini»yaratishga majbur bo'ladilar va u erda ular erkaklarga xos xulq-atvor modellarini va maskulin xususiyatlarni namoyon qiladilar. "Erkaklar e'tirozi, deb nom olgan bu jarayon, qizlarga nisbatan yaqqol salbiy munosabat va qo'pol va keskin farq qiluvchi "erkakcha" muomala bilan ifodalanadi". Taqdim etilgan ma'lumotlarga ko'ra, maktab ta'limi tizimida qizlar ko'proq afzalliklarga ega, natijada, o'z salohiyatini namoyish etishga imkoniyatlari ortiqroq.

Shunday qilib, feministik pedagoglarning fikricha, ta'lim tizimida, birinchi navbatda, qizlar kamsitiladi. Tanqidchilar va yuqorida qayd etilgan rossiyaliklarning tadqiqotlarda ta'kidlanishicha, o'g'il bolalar ham ta'lim tizimida ayanchli ahvolda. Lekin biz uchun maktabda kamsitilish ob'ekti kim – o'g'il bolalarmi yoki qizlarmi – muhimi bu emas, balki aynan jinsiga ko'ra kamsitish mavjudligi ahamiyatga ega. Feministik pedagoglarning xizmati shundan iboratki, ular bu haqda ilk bor gapira boshladilar. Yondashuvlarining biroz bir tomonlamaligiga qaramasdan, feministik pedagogika gender tengsizlik bilan bog'liq ta'limdagi yashirin muammolar muhokamasi boshlanishiga ko'maklashdi.

Pedagogik yondashuvlarni rivojlantirishdagi keyingi qadam - bu gender nazariyasi yutuqlarini ta'lim va tarbiya sohasiga integratsiyalash va **pedagogikada gender yondashuvni** yoki **gender pedagogikani** shakllantirish edi.

Foydalanilgan adabiyotlar:

1. O'zbekiston Respublikasi Oliy Majlisi Senatining qarori, 28.05.2021 yildagi SQ-297-IV-sonli 2030-yilga qadar O'zbekiston Respublikasida gender tenglikka erishish strategiyasini tasdiqlash haqida O'zbekiston Respublikasi oliy majlisi senatining qarori.

2. Mirziyoyev Sh.M. Tanqidiy taxlil qatiiy tartib intizom va shaxsiy javobgarlik xar bir rahbar faoliyatini kundalik qoidasi bo'lishi kerak. O'zbekiston Respublikasi Vazirlar maxkamasining 2016 yil yakunlari va 2017 yil istiqbollariga bag'ishlangan majlisidagi O'zbekiston Respublikasi Prezidentining nutqi //Xalq so'zi gazetasi 2017 yil 16 yanvar .

3. Mirziyov Sh.M. Erkin va farovon, demokratik O'zbekiston davlatini birgalikda barpo etamiz. "O'zbekiston" 2016.

4. Mirziyov Sh.M. Buyuk kelajagimizni mard va oliyjanob xalkimiz bilan birga kuramiz.

"O'zbekiston" 2017

5. O'zbekiston Prezidenta Shavkat Mirziyoyev 2017—2021 yillarda O'zbekistonni rivojlantirishning beshta ustuvor yo'nalishi bo'yicha xarakat strategiyasi. 7 yanvar 2017 yil.

6. Берн Шон. Гендерная психология. - СПб., 2001.

7. Бовуар де С. Второй пол. М., 1998 г.

8. Гидденс Э. Социология. М.: Редакция УРСС, 1999.

9. Меренков А.В. Социологические стереотипы. Екатеринбург: Изд-во Урал. Мука. 2001 г.

10. Мишель А. Долой стереотип! Преодолеть сексизм в книгекс для дети и школьники учебниках. Париж: ЮНЕСКО, 1986 г.

6. Клецина И.С. Гендерная социализация. Три. пособие. СПб., 1998.

7. Майерс Д. Социальная психология. Спб.,

1998 Андреева Г.М. Социальная психология. М.: Аспект Пресс, 1998.

8. Котовская М.Г. Мужские и женские образы поведения в традиционном обществе/Гендер и этнические стереотипы. М., 1999 г.

9. Психология. Словарь/под общ. ред. Петровского А.В., Ярошевский М.Г. - 2-е издание, исп. я допол. - М.: Политиздат, 1990.

10. Основы гендерных исследований. Учебник. МСГИ. М., 2001.

12. Хрестоматия к курсу «Основы гендерных исследований». МСГИ. М., 2001г.

13. Введение в гендерные исследования. Глава 1. Глава 2. Учебное пособие. Под ред. Жеребкиной. Харьков. XSGI. «АЛЕТЕЯ», СПб., 2001.

14. Здравомыслова Е.А., Темкина А.А. Социальное строительство пол // Возможности

использования качественной методологии в гендерные исследованиях. МСГИ, 2001.

15. Воронина О.А. Универсализм и культура релятивизма в построение гендерной системы. Учебник. Базовый гендерникс.Исследованный. МСГИ. М., 2001.

Mundarija

1. Kirish................

2. Gender tushunchasi ....

3. Gender va rivojlanish ....

4. Gender va oila.................

5. Ta'lim sohasida gender jihatlar. ......

www.ingramcontent.com/pod-product-compliance
Lightning Source LLC
LaVergne TN
LVHW010216070526
838199LV00062B/4613